ヨハン＝ハインリッヒ＝
ペスタロッチ

ペスタロッチ

●人と思想

長尾　十三二
福田　　　弘　共著

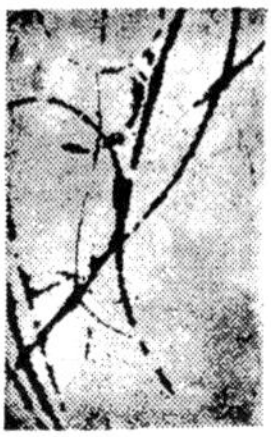

105

Century Books　清水書院

はじめに

ペスタロッチの生涯や思想について述べた本は沢山にある。私たちは、それらの本が値打ちのない、詰まらないものだからという理由で、この本を世に送るのではない。それどころか、私たちは、ペスタロッチについての書物は、どれをとってみても、それぞれ個性的であり、感動的である、と思っている。しかし、誤解を恐れずに言えば、これは、執筆者の力量もさることながら、ある程度まではペスタロッチその人の魅力によるのではないか、と考えている。実際、ペスタロッチには、時と所とを越えて、私たちを惹きつける何かがある。私たちも、そのようなペスタロッチの魅力に動かされてこの本を書いた。それが十分に個性的であり、感動的であるかどうかは、私たち自身の責任であろう。

私たちは、この本を、とりわけ若い人々のために、と心掛けて書いた。もしもあなたが、この本を手にとったあなたが、いまの日本の教育に失望し、学校を嫌い、教師を快く思っていない人であれば、いっそう嬉しい。そういう人々にこそ、この本を読んでもらいたい、と私たちは願っている。あなたは、きっとペスタロッチを好きになるにちがいない。

ペスタロッチは、学校の模範生ではなかった。劣等生ではなかったが、ハミ出し者だったことは間違いない。大学でも、気にいらない先生のギリシア語訳の向こうを張って、別のギリシア語訳を発表したり、自分のやりたい勉強や運動に専念するため大学を中退したりしている。おまけに政治運動に身を入れ過ぎて、公務員になることもできなかった。

ペスタロッチの教育実験の目途がつき始めた時、最初に彼のもとにやってきた三人の青年たちは、揃いも揃って、当時の学校教育からハミ出た連中ばかりであった。そんな連中が、全ヨーロッパの、やがては全世界の、模範学校として認められるような学校を作ったのである。そんな彼の人生に、あなたは感動しないだろうか。

また、彼は、八歳も年上の名門の女性に恋をして、それを貫いたし、未婚の母とならざるをえなかった娘たちに味方して、権力が性衝動を取り締まりの対象にしていることを非難した。そんなペスタロッチの人間性に、あなたは共鳴を覚えないだろうか。

ペスタロッチは、人間の心理の機微に通じていた。だから彼は小説や寓話を書くことも出来たのである。しかし、彼はそれを実生活の上で生かす事のできない不器用な人間であった。時に歯痒ささえ感じさせる、そんな彼に、あなたは親しみを感じないだろうか。

私たちは、このようなペスタロッチの人間性に惹かれ、彼のひたむきで、しかしながら愚直な生き方に深い感動を覚えてきた。この書物を通して、あなたに、この感動の一端でもお伝えすることができれば、私たちにとってこんなに嬉しいことはない。
この本の全体の構想は二人で相談した。執筆については、「序」とⅢ・Ⅳ章を長尾が、あとはすべて福田が担当した。私たちにとっては、ペスタロッチ著『ゲルトルート児童教育法』（明治図書、一九七六）、『シュタンツ便り他』（明治図書、一九八〇）、リートケ著『ペスタロッチ』（理想社、一九八五）の共訳以来、四回目の共同作業である。

一九九一年二月一七日

――ペスタロッチ没後一六四年――

長尾十三二
福田　弘

目次

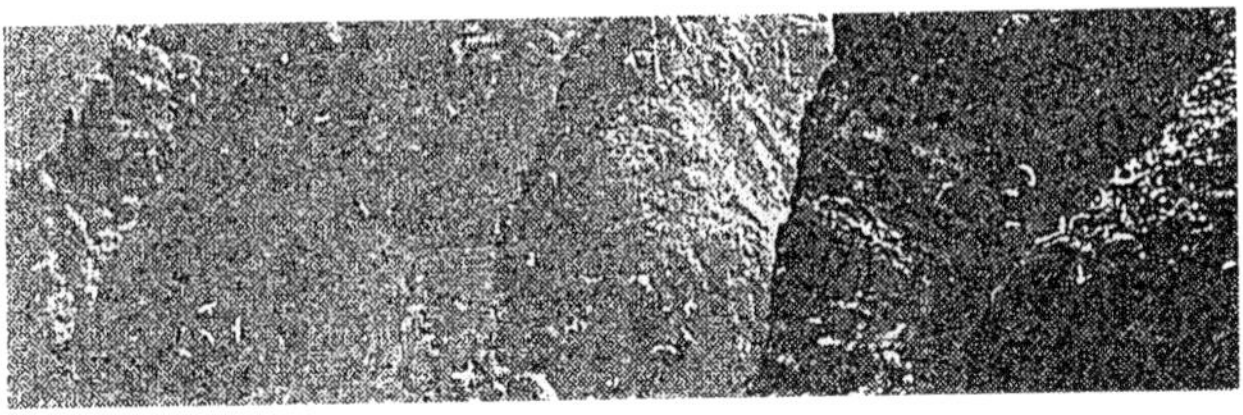

ペスタロッチ関係地図

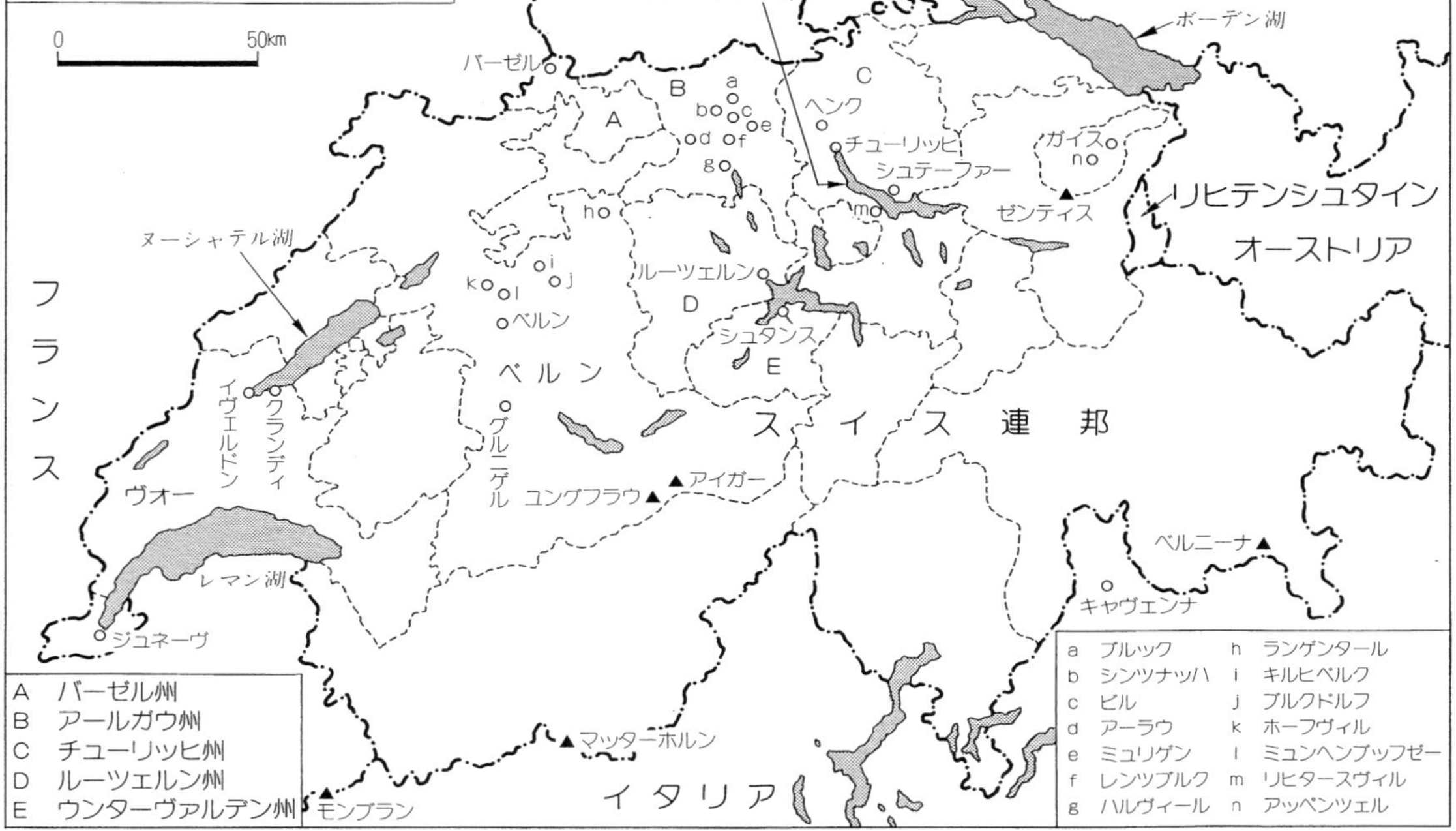

0
50km
ドイツ
フランス
イタリア
オーストリア
リヒテンシュタイン
スイス連邦
ボーデン湖
チューリッヒ湖
ヌーシャテル湖
レマン湖
バーゼル
ヘンク
チューリッヒ
シュテーファー
ガイス
ゼンティス
ルーツェルン
シュタンス
ベルン
イヴェルドン
クランディ
グルニゲル
ヴォー
ジュネーヴ
アイガー
ユングフラウ
マッターホルン
モンブラン
ベルニーナ
キャヴェンナ
A　バーゼル州
B　アールガウ州
C　チューリッヒ州
D　ルーツェルン州
E　ウンターヴァルデン州
a　ブルック
b　シンツナッハ
c　ビル
d　アーラウ
e　ミュリゲン
f　レンツブルク
g　ハルヴィール
h　ランゲンタール
i　キルヒベルク
j　ブルクドルフ
k　ホーフヴィル
l　ミュンヘンブッフゼー
m　リヒタースヴィル
n　アッペンツェル

序

いま、なぜ、ペスタロッチか?

ヨハン＝ハインリッヒ＝ペスタロッチは、一七四六年、スイスのチューリッヒに生まれ、一八二七年、アールガウ州ノイホーフ近郊の小村ビルで死んだ。彼は、その生涯を通じてほとんどスイス国内に留まっていた。スイス憲法制定についてのナポレオンの諮問に応えるため、代表委員のひとりとして、数か月間、パリに出かけたことはあるが、それ以外は、ノイホーフ、シュタンス、ブルクドルフ、ミュンヘンブッフゼー、イヴェルドンなど、彼の主要な活躍の場はすべてスイス国内であった。

しかし、それにもかかわらず、彼の後半生の活躍の拠点となったブルクドルフやイヴェルドン、とくにイヴェルドンは、全ヨーロッパの諸国からここを訪問し、滞在する多くの教師や学校関係者、貴紳・名士で賑わい、その名声は、彼の生存中に、すでにアメリカにまで及んでいた。

わが国の場合、明治初期に、アメリカのペスタロッチ主義運動を代表するオスウィーゴー運動が高嶺秀夫らによって伝えられたことは有名であるが、これよりさき、すでに幕末期に、オランダ経由でペスタロッチの業績が紹介されていたことも、研究者によって明らかにされている。つまり、一九世紀の中葉には、ペスタロッチの名声は、極東の日本にまで知られていたのである。

その後、一九世紀後半のヘルバルト派全盛期においても、ペスタロッチへの関心が、底流としては力強く継承されていたことを、私たちは知っている。

国際的にみると、二〇世紀の初頭以来、ペスタロッチへの関心は、三度、復興期を迎えた。日本でのペスタロッチ研究意欲の高まりも、これを反映して、ほぼ同じ傾向を示している、といって差支えない。

第一期は今世紀の初頭である。ヘルバルト派教育学の克服を目ざした新教育運動のなかで、とりわけペスタロッチの生活陶冶《とうや》論が注目された。

第二期は、今世紀の中葉である。第二次世界大戦後のきびしい社会状況のなかで、教育改革の目的を、貧民の自己解放のための学力形成という課題の達成として捉えていたペスタロッチの民主的な政治理想に支えられた教授理論が評価された。

そして、今世紀の第4・四半世紀にはいる頃から、ペスタロッチへの関心は、第三の復興期を迎えたように思われる。ペスタロッチの思想や事業の、もしくはペスタロッチという人物それ自体の、社会文化史的な、あるいは深層心理学的な考察が活発になってきているからである。

しかし、それにしても、なぜ私たちはこんなにもペスタロッチに関心を向けるのであろうか。彼の人物や彼の思想に、あるいはその実践に、本当にそれだけの価値があるのであろうか。まず、この点を考えてみよう。

ペスタロッチ評価の視点をどこにおくか？

ペスタロッチは、年齢からいえば、かの文豪ゲーテ（一七四九～一八三二）とほぼその生涯を重ね合わせて生きた。しかし、作家としての名声や、社会的地位についていうなら、ペスタロッチは、もちろんゲーテに遠く及ばない。

学校長あるいは学校経営者としてのペスタロッチはどうであろうか。

ゲーテは、その作品『ウィルヘルム・マイスター』の中で、スイスにおけるペスタロッチの、いわば同業者、フィリップ＝フォン＝フェレンベルクの経営していたヴィルホーフ学園を、理想の「教育郷」のモデルとして取り上げた。また、ロバート＝オーエンは、自分の息子をペスタロッチのイヴェルドン学園ではなく、フェレンベルクのヴィルホーフ学園に委託することを約束している。ペスタロッチの学園が経営危機に陥ったとき、救済者として登場したのは、結果はすべて不調におわったとはいえ、いつもフェレンベルクであった。その経営・管理の才がペスタロッチに優越していたことは明らかである。

たしかにペスタロッチは、当時の有名人の一人ではあった。しかし、彼は政界で重要なポストについたこともなければ、大学の教授として講壇に立ったこともない。彼の前半生は、話題作『リーンハルトとゲルトルート』で好評を得た、いわば社会派の文学者であり、後半生は、有名私立男子校の、経営手腕に乏しい所有者にして管理者であった。

それでは、教師としてのペスタロッチの実力はどうであったか。ペスタロッチが、ひとりひとりの子供を愛し、大切に扱ったこと、子供たちがペスタロッチを尊敬し、慕っていたこと、これだけは間違いのないところである。しかし、私たちの知るかぎり、ペスタロッチが授業の名人であったとか、生徒の人気が素晴らしかったとか、そういう類いの記録は残っていない。イヴェルドン学園で、彼自身が模範授業をするということもなかったようである。ペスタロッチは、字を書くことが下手だったし、歌うこともあまり上手ではなかったらしい。

それでは、一体どこにペスタロッチの価値が見出されるのか。それこそがまず問われねばならない問題点であろう。

ペスタロッチ像の修正

ペスタロッチは、これまで教師の理想像、教育愛の権化とみなされてきた。また彼は、政治に対する教育の内面的な優位を主張した教育思想家、あるいは革新的な社会思想家とみなされてきた。あるいはまた、彼の思想や実践をカルヴィニズム的なキリスト教信仰の具現として捉えた人々もある。

私は、これらの見方が見当はずれであるなどというつもりはない。これらはそれぞれペスタロッチの思想と実践の特質を鋭く捉えている。しかし、これらの視点だけがペスタロッチという人物を、歴史的に、とくに教育史的に、評価する場合の核心となりうるかどうかという点については、いささか疑問を感じている。

そこで、本書では、とりわけ次のような視点からペスタロッチを理解するための努力を試みた。

第一に、彼は、つねに内省を心掛けることによって、たえず自己変革をなしとげた人間だった、ということである。彼は、青年期から熱烈な教育実践家だった訳ではない。また、彼は、最初から教育問題に焦点をおいた思想家でもなかった。「私は教師になる」と彼が言い切ったとき、彼はすでに五二歳だったことを、私たちは繰り返して想起すべきであろう。彼は、決断をして教師への道を選び直したのであり、その結果、教育思想家とみなされるようにもなったのである。

この決断に至るまでの彼の人生を、その思想や実践を、それ自体として意味あるもの、価値あるものとして、私たちは受け止めなくてはならない。彼の前半生の思想や実践から、彼の後半生に対して意味があり、価値があるように思われるものだけを、たんに便宜的に選び取るというのではなく、進路再選択後の彼の思想や実践を内面的に拘束したはずのものとして、彼の前半生の思想や実践を捉える見地が、私たちには必要である。要するにペスタロッチという人物を、彼の思想や実践を、その成熟の場面においてみるだけでなく、その生成の過程において捉える努力が肝心なのである。

第二に、彼は教育を、とくに民衆の子弟を対象とする教育を、実験的に研究し、これを一般化しようとした、ということである。しかも、この実験は、つねに彼の教育思想、つまり彼の人間観や学力観に支えられ、これと密接に関連していた。その意味では彼を、「教育研究家」、あるいは「教育学者」と呼んでもいい。いやむしろその方がふさわしいくらいである。

実際、彼はシュタンスやブルクドルフにおいて実験的であったばかりではなく、言語教授については、その晩年まで実験的な研究意欲を保ち続けていたようである。

第三に、ペスタロッチの学校観や教師観についてである。よく知られているように、ペスタロッチは、彼の「メトーデ」(「方法」)によって、学校が不要になる、ことさえ期待していた。しかし、他方で彼は、子供の性向を親よりも数倍も早く見抜く教師の専門的な能力に期待をかけていた(『リーンハルトとゲルトルート』第三部)こともまた忘れてはならない。

彼が家庭教育の優位を確信しながら学園経営に当たっていたのは、矛盾した行動のように見える。しかし、彼の本来の意図は、あくまで「メトーデ」の実験にあった。イヴェルドン学園は、本来は実験学校であった。もともと貧民教育のために案出された「メトーデ」の一般化を目ざす実験学校だったのである。

第四に、このような視点からの研究作業に基づいて、ペスタロッチの教育史的位置、とりわけ教育思想史的位置を再検討しなければならぬ、ということである。

教育思想史ないし教育学説史上におけるペスタロッチの存在意義を知るためには、ヨハン＝フリードリッヒ＝ヘルバルトやフリードリッヒ＝フレーベルによるペスタロッチ思想ないし理論の継承と、それの批判的な克服の努力の跡を検討してみる必要がある。
私見によれば、ヘルバルトは、ペスタロッチが理論的には整序できなかった社会認識についての学習を教材化し、知育による徳育（「教育的教授」）の必要性と可能性を示して、世論の期待に応えた。また、フレーベルは、事物をひたすら分析的に「直観」させようとするペスタロッチに対して、事物にふれ、これを動かし、操作することによって、自己と世界の合一を「予感」させる、ことの必要性と可能性を主張して、産業社会の要望に応えた、とみなすことができる。しかし、本書の性格上、この点についての専門的な論述は差し控えた。

ペスタロッチを現代に生かす道　一九九〇年は、国際識字年であった。また一九九〇年は「子どもの権利条約」が国際的に承認され、発効した年でもあった。残念ながら、わが国では、そのいずれについても関心がきわめて薄かった、といわざるを得ない。たしかに、一九八九年から九一年にかけては、ペレストロイカの進展と停滞、天安門事件とこれの強引な武力制圧、ベルリンの壁の撤去と東欧諸国の急激な民主化に伴う騒乱、そしてイラクの無思慮なクウェート侵攻とこれに対するあまりにも軽率かつ性急な武力行使、それの当然の結果としての事後処理の難渋など、私たちの予想を越えた国際的な事件が続発し、わが国の政府もそれらへの対応に追われていた。第三世界の識字率や、「子どもの権利条約」などに関わってはいられない状況であった、と考えることもできる。

しかし、およそ二〇〇年前の、ペスタロッチの生きていた時代もまた、ヨーロッパは国際的な騒乱状態にあったということを私たちは知っている。一七八九年のフランス革命とそれに続く動乱の反復、九八年のスイス革命政府の成立とその崩壊（一八〇三）、ナポレオンの侵攻とそれへの抵抗、いわゆる解放戦争、そしてウィーン会議、神聖同盟（一八一五）と、数え上げてみると、彼の生涯の最も重要な時期、四三歳から六九歳（一七八九～一八一五）は、まさしく激動の四半世紀であった。そのような、将来の展望もままならぬ状況の中で、ペスタロッチは、あえて教育の道を選び、これにその生涯をかけた。革命への期待が挫折し、旧革命派という冷たい世評にさらされながら、しかも彼は教育による民衆救済の夢を、国際的な規模で実現しようと努力し続けたのである。

子供を愛し、子供とともに平和な世界に生きることを願ったペスタロッチの理想を、フレーベルは「私たちの子供（とともに）に生きようではないか」という言葉で表現した。残念ながら、わが国では、あまり気づかれてはいないが、デューイは、『学校と社会』（一八九九）の中で、このフレーベルの言葉を、そのまま引用している（第二章）。

私たちも、ペスタロッチとともに、そしてフレーベルやデューイとともに、「子供に生きる」ことを、困難な国際的な状況の中で、急速な環境破壊が進行していく中で、いったいどうしたら「子供に生きる」ことができるのかということを、真剣に考えてみようではないか。読者の皆さんが、本書の中から、そのための手掛かりをたくさんに見出して下さることを、心から願ってやまない。

I　貧民救済のために

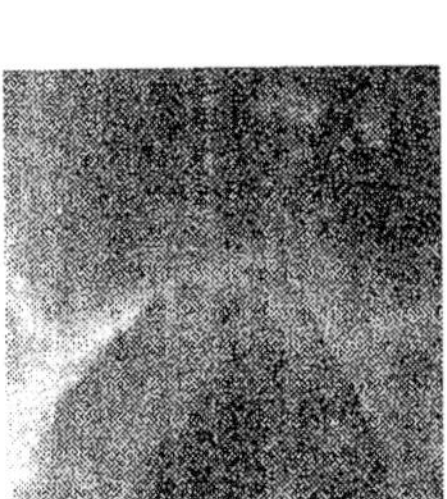

少年時代

チューリッヒの町

水と緑が豊かな風光明媚な国スイス、ここでは大都市そのものが美しい。とりわけ、ジュネーヴ、チューリッヒ、ルーツェルンの三つの都市は、その美しさで有名である。この三つの都市に共通する特徴は、大きな湖の湖尻に位置し、そこから流れ出す大きな河の両岸周辺に発達した町だ、ということである。

このうちの一つ、チューリッヒの町は、チューリッヒ湖から流れ出すリマト河の両岸周辺に発達し、中世以来、ヨーロッパ有数の大商業都市として栄えてきた。ルター、カルヴァンと並ぶ偉大な宗教改革家、ツヴィングリが活躍した宗教改革都市としても知られている。

リマト河の流れ出す地点に、大きな橋がかかっている。その橋からリマト河を望む景色は壮観である。右岸の高台には、グロスミュンスター（大教会）の二つの高い塔がそびえ立っている。そのすぐ下の河畔には、市庁舎が昔のままの姿で建っている。その対岸にはフラオミュンスター（聖母教会）が、そしてそのやや下手には、世界一大きい時計台を誇る聖ペテロ教会が建っている。こうした由緒ある建築物の周辺一帯が、チューリッヒの中世以来の旧市街区の中心である。

チューリッヒ旧市街の中心部

　さて、リマト河をしばらく下った左岸に、今日でもヨーロッパ陸上交通の一つの要であるチューリッヒ中央駅がある。この駅の正面からほぼリマト河と平行して、チューリッヒ湖に突き当たるまで真っ直ぐに延びている大通りが、バーンホーフシュトラーセである。日本人観光客にも親しまれている目抜き通りであるが、この通りの、駅から向かって右側、数十メートルの所に、芝生と松の木からなる小さな緑地がある。その中央に数メートルの高さの台座があり、子供に手を差しのべている男の人のブロンズ像がのっている。この人が外でもない、チューリッヒの生んだ偉大な教育家、ヨハン＝ハインリッヒ＝ペスタロッチである。

　ペスタロッチは、さまざまな面で歴史的に重要な役割を果たしてきたこの旧い町、チューリッヒに生まれ、育った。ペスタロッチの生涯と思想は、彼がこよなく愛した、このチューリッヒの町と深く結びついている。

　「チューリッヒを理解することなくして、私のことを理解することは不可能です。」ペスタロッチ自身、こう告白しているのである。

ペスタロッチの家系

ペスタロッチ家のチューリッヒにおける家系は、北イタリアのキャヴェンナ出身の福音派キリスト教徒、ヨハン＝アントン＝ペスタロッツァ（一五三四～一六〇四）にまで遡る。彼は一五五〇年、商人になる修行のため、チューリッヒのヴェーデンスヴィルにやってきた。その後もチューリッヒに留まり、一五六一年に名望家の娘、アンナ＝ゲスナーと結婚し、一五六七年にはチューリッヒの市民権を得た。この人がチューリッヒにおけるペスタロッチ家の先祖になるのである。

他方、ペスタロッチ家の先祖となった女性は、やはり福音的信仰のゆえに北イタリアのロカルノを追われ、チューリッヒにやってきていた、マグダレーナ＝ムラルトである。彼女は福音派キリスト教徒の三代目に当たる人であるが、ヨハン＝アントン＝ペスタロッツァの妻が相次いで亡くなったため、三番目の妻として、彼と結婚した。この二人の家庭に生まれた子供に、チューリッヒのペスタロッチ家は由来する。

このペスタロッチ家の家系からは、のちに幾人かの著名な学者や政治家が出ているが、元来は商業を営む家系であった。ところがペスタロッチの祖父アンドレアス＝ペスタロッチ（一六九二～一七六九）は、絹織物業をしていた父の職業を継がず、神学を修めて牧師となったのである。

ヨハン＝ハインリッヒ＝ペスタロッチは一七四六年一月一二日、チューリッヒの市街区に生まれた。当時チューリッヒは市街区と市域外地区とに分かれており、市街区の市民権をもつ約一万人程の市民が、周辺の市域外地区に住む二〇万人程の住民を統治していた。
ペスタロッチの父ヨハン＝バプティスト＝ペスタロッチ（一七一八～五一）は外科医であった。もっとも当時は外科医学は確立していたわけでもなく、外科医の社会的地位は必ずしも高くはなかった。しかも彼は高等教育を受けておらず、外科の実践的訓練ののちに資格試験にパスしたらしい。チューリッヒの市民階級に属するとはいいながら、生活は楽ではなかった。そこで彼は生活を安定させるためにいろいろな副業を求めた。眼科医を兼ねていたのも、その副業の一つだったという。

ヒルシュグラーベン　ペスタロッチの生家のある建物。

他方、ペスタロッチの母ズザンナ＝ホッツ＝ペスタロッチ（一七二〇～九六）は、チューリッヒ湖畔の村リヒタースヴィルの名門、ホッツ家の出である。彼女の父、兄および甥は、それぞれドイツの大学で学んだ教養ある有名人であった。しかし市域外地区に住んでいた彼らには市民権がなく、さまざまな不利益を被っていたのである。のちにペスタロッチはこのリヒタースヴィルの親戚の家で、あのドイツの哲学者フィヒテと何回も会うことになる。

ペスタロッチの父は一七五一年、ペスタロッチがやっと五歳になった折に病気で亡くなった。市の書記官になりたいという申請が受理された矢先のことである。こうしてペスタロッチとその兄、および妹の三人きょうだいは幼くして父親を失い、母親だけによって養育されることになった。母ズザンナは夫の死後も、実家のホッツ家を頼って転居することをせず、チューリッヒ市内に留まった。子供たちに、より適切な学校教育を確保してやろうとする配慮からであったと思われる。しかし、市民として生活することは、これといった資産もない母子にとってはなかなか大変なことであった。

この窮地を切り抜ける上で測り知れない援助を与えたのが、「バーベリ」という愛称で知られるバーバラ＝シュミットである。彼女は田舎生まれの若い女性で、今日風に言えば「お手伝いさん」として、ペスタロッチの家に奉公にきていた。いわゆる教養はないが、「気高い、単純で敬虔な信仰心」の持ち主であった。臨終の床にあるペスタロッチの父に約束した通り、彼女は彼の死後もペスタロッチ家に留まった。そしてペスタロッチ夫人の片腕となって、家計を切り回し、子供たちの教育に全面的に協力したのである。「この女性のことを、私は永久に忘れることはできないでしょう」と、八二歳のペスタロッチは、感謝をもって回想している。

しかし、幼くして父親を失ったことは、彼の人間形成に少なからぬ影響を与えた。彼自身は次のように言っている。

「馬鹿村の変人ハイリ」

「私には六歳の頃から、この年齢段階で男性的な力を育てる上でどうしても必要な、あらゆるものが欠けていました。私は最良の母親の手によって、女育ちの、母親っ子として成長したのでした。こんな状態ではだれであれ、容易なことには偉大な人物になれるはずはありません。私はいわゆる『年々歳々家の中に引きこもっている人間』だったのです。」

このように男性的影響力が欠如していた結果、ペスタロッチは、「どんな遊びにおいても、あらゆる学校友だちの中でいちばん不器用で下手くそ」であった。しかも同時に彼には、他の子供よりも優越したいという思いがあり、それにかられて時折、並外れた行為をした。特にリスボンの大地震（一七七五）の時のエピソードは興味深い。大地震の時、たまたま二階の教室で授業中であった。「先生たちはほとんど子供たちの頭を踏み越えて階段を駆け降り、あえて再び二階へ上がろうとするものが一人としていなかった」そんな時に、ペスタロッチは一人で二階に行って友人たちの帽子と衣服をとってきてやったのである。こうした際の彼の態度には気取ったところがあったため、彼は「馬鹿村の変人ハイリ」というあだ名を付けられている。しかし同時に、善良で世話好きな彼は多くの者から好まれてもいた。

ヘンクの牧師館

祖父アンドレアスの影響

ところで、父親に代わってペスタロッチに男性的な影響を与えたのは、チューリッヒ郊外の小さな村ヘンクに住んでいた祖父アンドレアス＝ペスタロッチであった。彼は村の牧師として牧会に励むかたわら、村の学校改善にも取り組んでいた。また定期的に教区の貧しい家々を訪問し、詳細な記録を作って村民に宗教的、道徳的、家庭的な面で指導助言するという、幅広い教育活動をも行っていた。この実践的な民衆教育の方法を、ペスタロッチはのちに小説『リーンハルトとゲルトルート』の中でかなり具体的に援用することになる。

ペスタロッチは小学校時代から、休みの折によくこの祖父のところに出かけている。そして祖父の家庭訪問について行き、都市住民に圧迫され、搾取されて苦悩と悲惨のうちに暮らしている農民にじかに接した。こうして身近に見て知った田舎の住民に彼は親しみを覚えている。このような人々の人間的解放のために自分の生涯を捧げよう、という彼の決心の萌芽は、この経験に発しているといえよう。彼は次のように述べているのである。

「農民は私にとって好ましく思われました。私は彼らの依然として生き生きしている自然の力が、顧みられずに放置されているという、農民教育の誤りと拙《つた》なさを残念に思いました。そして私の青年時代のきわめて早い時期に、私には農村地域の教育の改善のために微力を捧げられるように、自らを備えることができるのではないかという、一つの生き生きとした思想がわいてきたのでした」と。

個性的な少年

ペスタロッチは、当時の市民として考えられる限りの最良の教育を享受した。一七五一年（五歳）から三年間は初等学校（ドイツ語学校）に通い、五四年（八歳）からは聖母教会付属のラテン語学校に進んだ。さらに五七年（一一歳）からは、一段階上の大教会付属のラテン語学校スコラ-カロリーナに転校し、六一年から六三年まで、高等学校段階に当たるカロリヌム-フマニタティスで学んでいる。そして一七六三年から六五年まで、今日のチューリッヒ大学の母体に当たる、コレギウム-カロリヌム（カール大学）で高等教育を受けているのである。

ペスタロッチはいわゆる「優等生」ではなかった。暗記中心の学校教育は、決して彼の興味をひかなかった。彼の成績にはかなりのむらがあったらしいのである。

「私は幼少の頃からひよわな体質でしたが、若干の能力や傾向においてはきわめて早くから著しく生き生きと発達していました。私はある種の事物や観点には深い関心をもっていましたが、逆に私がその折々に愛好していた事物と何の生きた関係ももたないような一切の事物には、早くからひどく不注意で、無関心でした。」

「私はもっともすぐれた生徒の一人ではありましたが、どんな劣った生徒さえもがやらないような過失を、考えられないようなほど無思慮にやってしまうのでした。あらゆる学科の本質はたいてい生き生きと正しく心に感受しながらも、その本質が現れてくる形式に対しては、多くの面で無関心でもあれば、無思慮でもありました。ある学科の若干の部分では、私は学友よりだいぶ劣っていながら、その学科の他の部分では、まれに見るほどに彼らに勝っていたのです。」

こんな風に感情豊かで夢想家的なところがあり、単純素朴でしかも個性的だったペスタロッチは、いくつかのエピソードが示すように、教師からは「やっかい者」、ないしは「落ちこぼれ」とみなされていたらしい。個性的、独創的な子供がややもするとハミ出し者と見られがちであるが、ペスタロッチの場合も例外ではなかったのである。

青年時代

コレギウム＝カロリヌム入学　一七六三年にペスタロッチはコレギウム＝カロリヌムに入学した。この大学は当時、ヨーロッパ全体からみてもきわめて卓越した高等教育機関であった。彼はここで文献学と哲学を専攻した。この大学のヨハン＝ヤーコプ＝ボートマー、ヨハン＝ヤーコプ＝ブライティンガー、そしてヨハン＝ヤーコプ＝シュタインブリュッヒェルの三人は、国外にまで名を知られた有名教授であった。いずれもスイス啓蒙期の代表者であり、学生たちに多大な影響を与えたのである。

なかでもヘブライ語とギリシア語の教授であったブライティンガーは、多くの学生から敬愛されていた。彼は、ギリシア文学は他の民族にとっての叡知の源泉であると主張し、熱心にこれを学生に教えた。歴史学および政治学の教授ボートマーも、同じように学生に慕われていた。彼は歴史教育の従来の方法をまったく払拭《ふっしょく》した。教科書は学生の家庭学習用とし、講義ではもっぱら歴史的事実の討論を学生に行わせる斬新な方法をとったのである。特にスイスの歴史と制度についての彼の講義は、学生の心に正義と自由への愛と情熱を呼び起こした。ペスタロッチもボートマーに心酔した学生の一人であり、その観念的、理想主義的な思想態度に深く影響されていた。

ボートマーはまた、近代文学、とりわけ英国の主要文学作品を学生に読ませ、大陸における文学運動の中心的役割をも果たした。「大ベルリンには天賦の才のある人、趣味のある人が三、四人いるにすぎないのに、小チューリッヒには二〇ないし三〇人を越えている」（クライスト）と言われるように、当時のチューリッヒはヨーロッパ文化の中心地でもあった。こうした名声をチューリッヒにもたらす上でも、ボートマーの働きは大きかった。彼はチューリッヒ市の大評議会議員としても活躍したのである。

熱烈なルソー信奉者

ペスタロッチがコレギウム-カロリヌムに入学した前年（一七六二）に、ジャン＝ジャック＝ルソーの『社会契約論』と『エミール』が刊行された。周知の通り、この二著は即座にフランス当局によって発禁処分にされた。ルソーの故郷の都市ジュネーヴもこれらを有罪と宣告し、著者の逮捕を決定していた。しかし、ルソーの思想はチューリッヒの学者や学生たちに多大な影響を与えたのであった。ボートマーは早速『エミール』を学生たちと読んでいる。ペスタロッチが入学した頃、この大学にはルソー思想がみなぎっていたのである。

ペスタロッチ自身もこの頃から、『エミール』をはじめ、ルソーの作品をよく読んでいたらしい。彼は数年後の一七六七年に、恋人アンナに宛てて、次のように書いている。

「愛するナネッテ、『エミール』を読んでごらんなさい。大部分は理解できると思います。こんど二人で会えるときにまず第一にすべきことは、『エミール』をいっしょに読むことだと思います。」

「私は『エミール』の中のソフィーの話のところを、この上なく注意深く読みました。」

こうしてペスタロッチは、熱烈なルソー信奉者になった。やがて彼はルソーをも批判的に眺めるようになり、彼独自の思想を発展させていくのであるが、若きペスタロッチの思想形成にルソーが与えた影響は非常に大きかった。

チューリッヒ大学　グロスミュンスター校舎

大学中退

ところでペスタロッチは、一七六五年の秋に、大学を中途退学している。二年間で文献学および哲学の最終試験は合格しているが、三年目の神学課程は修めず、大学を去っているのである。この中途退学の動機について、伝記作家たちはさまざまな推測をしているが、真相は不明である。ペスタロッチ自身は、晩年に『白鳥の歌』の中で、「社会的、政治的功名心」に駆り立てられて、「民衆のためにより豊かな幸福をもたらすであろうと思われる活動領域」(＝法律関係の研究)に向かう目的で大学をやめた、としている。

それが「功名心」からの選択であったかどうかは、自己評価がきびしく、極めて内省的な彼の性格から見て、一概には言えないだろう。ただ、民衆のために自己を捧げるという目的遂行のための近道を求めての選択であった、のはたしかだと思われる。そうした青年らしい一途さを鼓舞するが如き精神的風潮が、当時のチューリッヒにはあったのである。

ゲルベーヘルヴェーチア協会　ペスタロッチを駆り立て、民衆救済のためにあえて初志であった聖職者への道を捨てさせ、大学をやめてまでも新しい道に踏み出そうとさせた風潮の一つの現れが、ゲルベーヘルヴェーチア協会であった。この協会は、ルソーの二つの著書の読書会開始を機に、一七六二年に設立された二つの自由な政治結社を母体として、一七六五年にボートマーが結成したものである。ゲルベーヘルヴェーチア協会は、リマト河沿いに建っている市庁舎のやや下手にあるゲルベ館、つまり皮なめし業者のギルドハウスを集会所としていたことから、この名を得たのである。

毎週水曜日の夜、ボートマーを信奉する学生たちが、彼を中心に集まった。ボートマーは古代史やスイス史に関して大いに論じ、彼の政治的、社会的観念の普及に努めた。具体的には、歴史的な事柄を材料として、一七六〇年代当時の政治的、社会的状態、また道徳的堕落の問題などを批判的に論じたのである。学生たちは順次、自作の論文をもち寄り、それをたたき台として論じ合った。ペスタロッチも一七六四年から退学するまでの間、この協会の活発なメンバーであった。

処女作『アギス』と青年ペスタロッチの「希望」

こうした中でペスタロッチは一七六六年、処女作ともいうべき『アギス』を発表した。この作品はいわくつきのものであった。さきに挙げた有名教授の一人シュタインブリュッヒェルは、ボートマーやブライティンガーに比べて政治改革にやや冷淡な、合理主義者であった。この彼が、デモステネスのオリントス演説を翻訳して出版したが、これがペスタロッチに言わせれば「味もそっけもない代物」であった。そこでペスタロッチは、自らのギリシア語の知識が不十分であるのを承知の上で、「情熱と演説的な活気の上では教授の翻訳よりも優れている」と自負する翻訳を作り、これに『アギス』と題する論文を添えて出版したのである。

この作品は、スパルタ王アギスの事業と生涯をテーマとしている。アギスはリュクルゴスの立法精神の再興によって、腐敗したスパルタの政治改革を遂行しようとした。しかし、平等状態を再建しようとして取り上げた土地再分配政策が失敗し、結局は殺されてしまったのである。ペスタロッチは眼前のチューリッヒの腐敗した政治の改革を念頭におきながら、これを書いている。そこにみられる精神こそ、まさにヘルヴェーチア協会を支配していた精神そのものであった。

なお、同じ年にヘルヴェーチア協会の週刊誌「警醒者」に発表された、「希望」と題する小品も注目に値する。ここには、生真面目で社会改革の情熱に溢れた青年ペスタロッチの姿が、如実に現れている。

たとえば彼は、極めて純真な青年らしく、また、厳格なキリスト教道徳の遵奉者らしく、当時の「退廃的な文学」を批判し、次のように要求している。

「ヴィーラントは『ドン・シルヴィオ』とか『滑稽物語』などを書くより、キリスト教徒の真面目な感情や賛美歌や宗教的叙事詩を書けばよいのに。」

「グライムやレッシングやウツェンのような人たちのあらゆる享楽的な歌が、彼らを譴責《けんせき》する者（ヴィーラント）の滑稽物語や、あらゆる同類の美しい猥談とともに、いっさい禁止されるとよいのに。」

また、民衆に対する啓蒙について、こう希望している。

「だれかが最も平凡な市民や農民にも理解でき、使用できるような、十分簡素で優れた教育の原則を載せた、二、三の冊子を印刷してくれればよいのに。」

「ヒルツェル博士かツィンママン博士が、ティソの衛生に関する農民のための指導書を簡単に要約して、農民にとっていっそう使いやすいものにしたらどうだろうか。」

さらに農業を擁護して次のように言うのである。

「私は農業を振興したい。いったいだれがそれを望まないだろうか。これを望まない人というのは、農業の振興によって自分の商売を邪魔されるような人だ。」

「愛国者団」と「農民会話」事件

ところでヘルヴェーチア協会のメンバーはまた、通称「愛国者団」という組織を結成した。正式名は「被圧迫者の擁護及び不正の懲罰のための連盟」である。ペスタロッチもそのメンバーの一人であった。「愛国者団」の青年たちは、社会改革の実践に取り組もうとした。たとえば、当時のチューリッヒの政界や宗教界などの腐敗の実態を暴露し、現実的な社会浄化を図ろうとしたのである。事実、彼らの告発に基づいて、有罪判決を言い渡された代官もあった。いくつかの不正告発事件で、当局は不当にも、告発した愛国者団の青年たちへの弾圧を企てた。ペスタロッチも、一七六五年に当局の尋問を受けている。

しかし決定的だったのは、一七六六年一二月の「農民会話」事件である。この頃、ジュネーヴ市政府が、政府の政策に反対した市民を弾圧しようとしたが、その弾圧支援のためにチューリッヒが援軍を送るらしい、という噂が流れた。それに反対する愛国者団のメンバーの一人ミュラーが、兵士として送られることになる農民たちの会話を擬して、強烈にこれを非難する文書を書いたのである。この文書が誤って公衆の目にふれることになり、怒ったチューリッヒ市参事会は、この文書の著者の永久国外追放を決定した。

ペスタロッチは、自首して許しを乞うようミュラーに勧めたが、彼はドイツへ逃亡してしまった。ペスタロッチは、犯人逃亡幇助《ほうじょ》のかどできびしく尋問され、四日間、市庁舎に拘留された。結局は無罪放免となるが、拘留期間中の経費を支払わされ、将来公職につく望みは消えてしまった。なお誹謗《ひぼう》文書はこの際に、その他の告発文書と一緒に、罪人の費用もちで公然と焼かれた。ところが、ペスタロッチたちは市庁舎の窓からパイプをくゆらせながら、それを平然と眺めていたという。

ただし、この事件の後、ペスタロッチはしだいに単純なルソー追随者たちを批判的に見、彼らと一線を画す立場をとるようになっている。彼は「農民会話」事件の翌一七六七年一一月に、こう書いているのである。

「チューリッヒには、徳の実行が欠けていることを、真理についてあれこれとおしゃべりすることで補おうとする青年がいっぱいいます。私は彼らを軽蔑しますし、もはやあの連中の仲間に数えられるつもりはありません。……事実、私はジャン＝ジャックを非常に尊敬しています。……」

要するに、ペスタロッチはルソーに対しては高い評価を維持してはいるものの、ルソーの影響のもとで「あまりにも政治的な夢」にまで突き進んでいってしまった愛国者団の青年運動から、距離を保とうとし始めているのである。彼は夢想に走る仲間の青年たちの「愚かしい青年風の政治化」に対して、背を向け始めている。むろん、だからといってペスタロッチの政治批判、社会批判の目が鈍くなったわけではない。それは彼の生涯を通じて健在であったことは、その後の諸著作や、彼の生活そのものを見れば明らかである。ただ、ペスタロッチの取り組みが、いわば足を地につけた理想主義的改革の方向に向かい始めたのである。

農場経営と民衆教育

重農主義思想の影響

公職につく望みを断たれたペスタロッチは、別の新しい活動領域を求めようとした。この進路決定においてペスタロッチに影響を与えたのは重農主義思想である。自然を賛美したルソーの直接的影響も、むろん大きかった。このルソーとも交流のあったチューリッヒの著名な医師ヒルツェル博士は、一七六一年に『哲学的農業家の農場経営』という書物を刊行している。彼はこの中で、「農学は最も賢明で最良の人々の注目に値するものであることは議論の余地がない」と書き、チューリッヒ近郊で伝説的な名声を博していた農業家、ヤーコプ＝グイエの実践を詳しく紹介した。この本は、青年たちの心に農業への情熱を燃え立たせたが、ペスタロッチもそうした青年たちの一人であった。まもなく彼は、農場経営家としての生涯を歩む準備に取りかかっている。

ところでペスタロッチを農場経営家への道に駆り立てたものは、重農主義思想だけではなかった。少なくとも、ペスタロッチにこの職業を選ぶ決心を急がせた原因は別にあった。それは、彼の結婚問題である。

メナルクの死と婚約

　ペスタロッチの愛国者仲間に「メナルク」という愛称で親しまれ、敬愛されていた優秀な神学生がいた。ヨハン＝カスパル＝ブルンチュリである。ペスタロッチはとくに彼を兄のように慕い、決定的な影響を受けていた。「メナルク」は病気で夭《よう》折《せつ》したが、その直前にペスタロッチに対し、「危険にさらされる可能性のある人生航路を避け、穏やかで静かな人生航路を求めるように」と助言している。まるでペスタロッチのその後の波乱に富んだ生涯を見通していたかのようである。ペスタロッチはこの助言を守り得なかったことを、晩年になって反省しているのである。

　ところでこのメナルクを恋し慕っていた女性があった。チューリッヒの食料品を商う大商家、シュルテス家の娘アンナ＝シュルテスである。シュルテス家は裕福であるばかりでなく、文化教養の点でも申し分のない家庭であった。彼女の父は文学や芸術の愛好家であった。ドイツの詩人クロプシュトックもチューリッヒ滞在時には、このシュルテス家に泊まっている。そんな家で育ったアンナは、知性と信仰心に富む優れた女性であった。弟のカスパルを通じてメナルクの真価を知っていた彼女は、「私はメナルクのことを忘れるくらいなら、自分自身のことなど、とうの昔に忘れてしまっていることでしょう」とさえ書いている。しかしメナルクは自分の健康状態が悪く、死期も近いことを知ってか、アンナに求婚はしなかったらしい。

　一七六七年五月二四日、メナルクはついに病死してしまう。ペスタロッチは彼の死を悼《いた》み、真情溢れる追悼文を書き、これをアンナに送った。これをきっかけに、ペスタロッチはアンナに対して恋心を燃やし、ついに二人は熱烈な恋愛関係に陥るのである。アンナの両親は、見栄えもせず、将来も不安定なペスタロッチと、娘アンナとが交際することに反対であった。そのため、二人はきびしい情況のもとで、アンナの弟カスパルや親しい友人たちの援助を受けながら交際を続けた。

一七六七年に彼らは婚約したが、この年にペスタロッチは農場経営者への道に進む準備のため、ベルンの農業研究家ヨハン＝ルドルフ＝チッフェリのもとへ徒弟として赴くのである。その後、足掛け二年間にわたる婚約時代に、ペスタロッチとアンナが交わした書簡が約五〇〇通残されている。このうち三〇〇通ほどは、ペスタロッチからのものである。その書簡の数もさることながら、そこに吐露されている真情、鋭い内省、精神的・道徳的な向上心、市民としての責任感や民衆に対する真の愛と同情など、その内容は読む者に深い感動を与えずにはおかない。二〇歳そこその青年が、このように深い思索と自己内省を行ったこと自体が驚きですらある。本物の恋愛は、当事者双方の人間性を豊かにし、精神的に向上させるものだが、ペスタロッチとアンナの場合は、まさにその典型であったといってよい。

質素な結婚式

さて、一七六八年にペスタロッチは希望と勇気に満ちて、本来の予定期間よりも早めにチッフェリのもとから帰ってきた。アンナの両親、とりわけ母親は、この予定繰り上げにも不快感を示している。彼らはペスタロッチの事業計画やその成功に疑心暗鬼であったし、結婚には依然として反対であった。ペスタロッチは彼らを説得することに一所懸命で、かなり無理をして農地購入に取りかかった。チューリッヒの銀行家シュルテスに出資を求め、彼と共同経営するというかたちで、チューリッヒの隣のアールガウの田舎ビルフェルトに広大な土地を買い入れたのである。

翌年九月三〇日、彼らはアンナの両親をやっとのことで説得し、少数の友人たちの祝福のもと、田舎の小さな教会で結婚した。アンナは衣類とピアノと貯金箱を与えられただけであった。アンナの母は、「お前は水とパンとで満足しなければならなくなるだろうよ」と言って、淋しく彼女を送り出したという。この時、ペスタロッチは二三歳、アンナは三一歳であった。質素な結婚式ではあったが、彼らの結婚生活は順調な滑り出しであった。

妻アンナ

ところで結婚当初の、主としてアンナが書き、ときおりペスタロッチも書き込んでいる日記が残されている。この日記によると、結婚に反対であったアンナの両親との関係も、一〇週間程後にはすっかり正常化している。彼らは互いに訪ね合っているのである。また日記は、この頃の彼らの宗教的内省についても物語っている。とくに目立つのは、ペスタロッチに対するアンナの信仰的影響の大きさである。彼女は翌年の一月一日にこう書いている。

「私たちはまだ、お祈りすることをしていませんでした。たとえば、今日、ビルメンスドルフの教会に行ってお祈りをしたとはいっても、私たちはまだ、真の究極目的からははるかに遠いのです。だから恵み深き父に、私たちの弱いところを助けてくださるように、援助と力とを願い求めるべき理由が十分にあります。恵み深き父なる神よ、恵みに満ちた祝福をもって私たちのところに来てください。再び私たちの心に近づいてください。」

この日記からも察せられるように、アンナは極めて敬虔なキリスト者であった。彼女は神の恵みに対するまったき信頼こそ真に重要であるとし、生きるにも死ぬにも神を信じようとしていた。そこでペスタロッチが農耕に無我夢中になっていることに、また自分が結婚生活の幸福を大いに期待していることに思いを馳せ、自ら反省するとともに、ペスタロッチにも反省を促しているのである。

ペスタロッチもこの日記にこう書き込んでいる。

「なぜ私は、もはや思弁的な学問に喜んで没頭しないのだろうか。なぜ私は、大事な真理の研究について、情熱をいよいよますます失っていくのだろうか。……しかし私は自分の職務上の仕事でいかに気が散るにしても、その他のことで、私の諸能力をますます発達させることを、私の目的とするよう努力しよう。神よ、私のこの決心を強めたまえ。」

一人息子ヤーコプ

一七七〇年八月一九日、二人の間には唯一の子供となる息子が生まれた。この頃、早くも農場経営に失敗の兆しが見え始めた。ペスタロッチが雇ってしまった不正直で悪意に満ちた下男の言葉を聞いた共同経営者シュルテスは、事業から手を引くことをほのめかしていた。こんな状況のなかで、この男児の誕生は、彼らにとってこの上なく喜ばしい出来事であった。ペスタロッチは父親になるに際し、厳粛な思いでこう書いている。

「いつ私は、神の摂理の御手を心から認識するようになるのだろうか。いつ私の悪しき心が神に導かれて意志するようになり、また卑劣な悪徳の激浪のうちに泡立たないようになるのだろうか。ああ、神よ、最大の不安の時が私に近づいています。ところが私は祈ることも、泣くこともできないで、顔を神に向けませんでした。私はひざまずきませんでした。そして敬虔な友の存在も、主が私の堕落ゆえに私の子供を打ちたまわないように、と、ひれ伏して自らの悪徳を悔い、恩寵を哀願するように私を仕向けることができませんでした。ああ、無情が私の心の中に横たわっています。私を改善する意志は私から遠く、私の心は凶悪な罪禍に満ちているのです。」

ペスタロッチとアンナは、子供の誕生を大いに喜んだ。そしてその子にヨハン＝ヤーコプと命名した。これはフランス語のジャン＝ジャックに当たる言葉で、彼らがいかにルソーに惹かれていたかを物語るものである。このヤーコプが三歳の折に、ペスタロッチがつけた『育児日記』が残されている。若い父親ペスタロッチの教育思想、またルソー思想に対する彼の立場などを知る上でも、貴重な資料である。

「自然こそが教師なのだ」

『育児日記』には、たとえば次のように書かれている。

「汝は大自然の自由な講堂へ、子供の手をとって連れて行くだろう。汝は山や谷で彼を教育するだろう。このような広々とした（自然の）自由な講堂の中では、子供の耳は術（人間の文化）へ向かって導こうとするあなたの意図に対しても、開かれていることだろう。言語や測量術の重苦しさは、自由によってとり換えられるだろう。しかしこの自由の時間にあっては、汝よりもむしろ自然こそが教師なのだ。……鳥や虫の方がいっそう多く、しかも上手に子供を教えるのだ。」

ここには、『エミール』の著者ルソーの忠実な弟子としてのペスタロッチの姿が、明確に認められる。さらにこの日記には、実際に子供を教育したペスタロッチの体験に基づく教育思想が、その重みをもってあちこちに散在する。若干引用してみよう。

「すべての学習は、それに元気と悦《よろこ》びとが伴わなくなれば、少しも価値がない。子供の顔に快活と悦びとがあらわれている間は、子供がすべての遊戯において朗らかさと元気と生命とをもっている間は、悦びと幸福が彼の感覚の大部分である間は、私は心配しない。」

「子供に知識を強要するな。真理や発達した事物やあるいは多方面的な様相を呈する事物を、できるだけ多く子供の眼前に行き来させよ。……彼をしてつねに見させ、かつ聞かせよ。めったに判断を要求するな。」

ペスタロッチはさらにこうも言っている。

「汝らの子供の自由が社会的義務の準備のために抑制されなければならない限り、それを完全に抑制せよ。希望なきまでに。そうすれば子供にとってこの自制は容易なものとなり、汝がその後に与えうる多くの自由の享楽は、このただ初めにおいてのみ強制的と感じる抑制の印象を抹殺することになるだろう。……」

ルソーへの批判

そしてペスタロッチは、あれほど慕っていたルソーに対する批判を展開するのである。それは自由の価値を認めながらも、従順ないしは抑制の必要性を強調するペスタロッチの立場から発しているのである。

「従順なしにはいかなる教育も不可能だ。なぜなら最も恵まれた状態においてすら、われわれは、決して子供を彼が欲するままにしておくことはできないから。」

「欲情は自由によって根絶されるものではない。欲情の発展はただ、抑制されるのみである。――エミールは手品師を凌駕《りょうが》しようとする虚栄心のためにふるえおののいた。」

「そしてルソーでさえ、早くから社会的な服従を予想するような方法で抑制されねばならない気むずかしい性格の激情の危険性について述べ、幼年期にまったく自由に放任された人は、青年期にはきっと束縛と拘束とにつながれるに違いない、と言っている。」

そして結論的に次のように言うのである。

「どこに誤謬《ごびゅう》があるのだろう。真理は一面的ではない。自由は善であるが、従順も同様に善である。われわれは、ルソーが分離したものを、結合しなければならない。人類を堕落させる不当な抑制の惨めさを確信するあまり、彼は自由の限界を見出し得なかったのだ。……彼（ルソー）の原理がもっている智慧《ちえ》を応用しようではないか。教師よ。自由の善なることを確信しようではないか。汝の虚栄心に駆られて、未熟な果実を結ばせようとしてはならない。……彼に自由と平和と沈着とを与えうるすべての機会を尊重せよ。事物の内的自然性の結果によって教え得るすべてのことを、決して言葉では教えてはならない。……だが、彼を従順にまで慣らす必要を汝が洞察する場合には、汝はあらゆる注意を払って、自由の教育においては困難な、この義務にまで彼を育て上げる準備をしなければならない。」

ペスタロッチのこうしたルソー批判は、注意深く検討してみなければならないだろう。というのは、ルソーは必ずしも、ペスタロッチがここで批判しているように、無条件で自由を絶対化したのではないからである。たしかにルソーは徹底的に当時の社会や文明を批判し、それとの関連で、いわゆる消極教育を提唱した。これは、いわば善も悪も共に積極的に教え込むことをせず、本来

ノイホーフ　1780年当時

「善」であると考えられる子供の内からの成長を信じて、もっぱら人間社会の悪影響から、子供を守ることに専念する教育である。しかしそのルソーも、極めてきびしい鍛錬主義的教育を同時に主張しているのである。この点を、ペスタロッチが正確に読みとっていたかどうかは疑問である。

農場経営の破綻

さて、ペスタロッチ夫妻は結婚当初ミュリゲンに借家住まいをし、自分の敷地内に立派な屋敷を建設していた。そして一七七一年、彼らは半分だけ完成したこの新居に引っ越した。この建物は今日でもノイホーフに残っているが、当時の農家としては極めて豪華なものであった。これもペスタロッチがアンナの両親を安心させるため、あるいは融資を受け易くするために無理をしたことの一つの証左と見られている。

ところでペスタロッチが最新の技術と知識を駆使して、懸命に商業用作物の栽培に当たったにもかかわらず、経営には早くも失敗の兆しが見えてきた。共同経営者シュルテスは、ペスタロッチの使用人の悪意ある報告を真に受けて投資を停止し、手を引いてしまった。その上ヨーロッパをおそった凶作の影響も重なり、一七七三年にはついに農場経営は破綻したのである。購入した農地が石灰質で、当時の農業技術や道具では使いものにならない代物であったこと、ペスタロッチが法外な面積の農地を購入してしまったこと、使用人の選択を誤ったこと、ペスタロッチに経営能力が欠けていたことなど、失敗の原因は多岐にわたっている。

貧民学校の開設

こうして自らが窮地に陥ったペスタロッチであるが、貧民救済のために身を捧げようという、青年期以来のあのヴィジョンが消えてしまったわけではない。ペスタロッチはアンナの同意を得て、不幸な生活を強いられていた貧民の子供たちの実質的な救済事業に着手しようとした。

一般にこのような子供たちは、比較的大きな農家に引き取られて家畜同然にこき使われたり、乞食の手先として使われたりしていた。当時スイスでも盛んになってきていたマニュファクチュアの労働力として、一日十数時間も不健康な環境の中で労働に縛りつけられているものも多数あった。ペスタロッチはわずかに手元に残った農場と家屋とを用いて一種の貧民学校を開設し、これらの不幸な子供たちを助けようとしたのである。

当時の救貧事業の実情

救貧施設は当時、スイス各地にもあったが、いわゆる慈善施設であり、生活できない貧しい人々にただパンを与えることを目的としていた。こういう慈善行為の結果は、その善意の人々の意図に反し、結局は施しを受ける人々の心をいっそう堕落させ、怠惰にならせ、いつまでも自立できないままに放置することに通じていた。ペスタロッチによれば、貧民は施し物によっては救済されない。貧民自身が自らを助け、自立して人間らしい生活をしていくのに必要な能力や手段を身につけられるように援助をしてやるとき、初めて貧民を真に救うことになるのである。具体的には、彼らが天与の資質と能力を発達させ、それを用いて額に汗して働きながら生活していくことを可能とするような教育をこそ、救貧施設は与えるべきなのである。

ペスタロッチは、貧困の本質を鋭く把握していた。そして人間の内面的な諸力を適切な教育によって発達させることを通して、貧困そのものを克服しようと考えたのである。彼はこう書いている。

「貧民は自ら助けることを学ばなければなりません。そうしない限り、他の人間には決して彼らを助けることなどできはしません。また誰も彼らを助けようとしないでしょう。貧民の心を高めることのないような、そんな慈善というものは、貧民を救いはしないのです。」

ところでこの当時、一方には貧民子弟を安い労働力として搾取しようとする企業家もあった。表向きは救貧事業といいながら、その実、廉価な労働力として子供をこき使う事業主たちである。ペスタロッチはこうした事業主に対し、激しい批判を浴びせている。

「われわれは実際、人間の、つまりわれわれの同胞のうちにある神の似姿に対して大きな責任を負っているのだ。いわゆる偉大な人と乞食との違いは、どれほどのものだというのか。本質的には違いなど、ほとんどないのだ。」

「貧困に悩み、見捨てられている不幸な人々の子供たちは、うぬぼれた市民を富ませるための歯車などではない。否、とんでもない。彼らの生存はそんなことのためにあるのではない。何という人類の悪用！」

彼のこうした見解の根底には、言うまでもなくキリスト教的人間観が横たわっているのである。

ペスタロッチの実践

ペスタロッチのねらいは、一方で産業活動に必要な新しい能力を養い、他方で同時に、新しい産業社会を生きるのに必要な知的・道徳的・宗教的能力を育成することにより、民衆が人間としての尊厳を失わずに、幸福に生きることができるようにすることであった。その実現のために彼は農業と産業と家政（商業）の三領域を結合した総合的教育を行おうとした。農業が入っているのは、いかに産業社会の到来が間近とはいえ、人間の独立の基盤はあくまでも土地所有と食料の自給自足である、と考えたからである。産業活動に従事しつつ無思慮な浪費を避け、貯蓄をしてわずかであっても自分の土地を手に入れ、それを基盤に独立すること、これこそ民衆が産業社会の中で零落していくことから自らを守る手段だ、と彼は考えた。この総合的な民衆教育の思想を、ペスタロッチは小説『リーンハルトとゲルトルート』の中でも展開するし、スイス革命期にも政府に働きかけて実現しようとしている。そしてシュタンスの孤児院では、この思想に立った教育の実現を目ざした。また晩年にも、この思想に基づく貧民学校を作ろうとした。結局この民衆教育思想は、ペスタロッチの生涯を通じて彼の最も大切な信念だったのである。

ところで一七七六年七月当時、ペスタロッチの施設には、二二名の子供たちが収容されていた。二年後の一七七八年には、四歳から一九歳の子供が三七名になっていた。ペスタロッチはこれらの子供たちに、農業や糸つむぎなどの労働を教えながら、同時に知的・道徳的教育も行おうとした。子供たちの労働の成果は商品化され、施設運営の資金とされたのである。

なお、ペスタロッチはこの当時、預かっていた個々の子供の性格や素質などを観察し、記録に残している。この貧民学校での活動を知る上で貴重な資料である。またこの記録は、ペスタロッチが子供の素質や特性を観察するいかに鋭い目をもっていたかをも示している。

施設の閉鎖　ペスタロッチは、施設内での労働生産物とその売り上げによる施設の自給自足体制の確立を目ざしていた。そのため、自分の貧民教育思想を明らかにし、世の博愛主義者たちに理解と経済的援助を呼びかけようとした。その呼びかけの文章を掲載してくれたのが、イーザック＝イーゼリンであった。彼はバーゼルの書記官で、汎愛派の教育家として活動し、また社会公共事業にも熱心に取り組んでいた。彼はヘルヴェーチア協会の有力メンバーであったが、シンツナッハでの会合の折に、初めてペスタロッチを知るようになった。以後、ペスタロッチの最良の理解者、援助者となり、ペスタロッチから父親のように慕われるようになるのである。このイーゼリンが、三度にわたり、自分の定期刊行物「エフェメリデン」にペスタロッチの貧民教育理念、事業計画、事業報告、そして寄付金の呼びかけを掲載してくれたのである。しかし、寄付金による援助もままならず、ついに一七八〇年には、この貧民学校も閉鎖せざるを得なくなった。彼の貧民救済の理念や方針や具体的活動が人々に十分理解されなかったこと、ペスタロッチが不得手であった商業にまで手をのばしたこと、収容され、教育された子供の親たちが身勝手で施設を食い物にしたことなど、この事業の失敗には、いくつもの要因が重なっていた。

この施設の崩壊により、ペスタロッチの人生における危機の時代が始まった。彼は妻アンナが相続した財産の大半も使い果たしてしまったばかりか、アンナの家族はもちろん、友人たちの信用をもすっかり失ってしまったのである。彼は文字どおりノイホーフに孤立し、精神的にも危機的状態にあった。人目を避けるために、畑の畦道を気も狂わんばかりに走り抜けたりもした。

「私の旧友たちはほとんどだれもが、私が病院で、それどころか精神病院で生涯を終えることになるに違いない、と考えていました。」

彼はのちに当時をこう回想している。広い地所はしだいに荒廃していった。これを計画的に耕作するのに必要な金銭や労働力ばかりか、その気力さえも欠落しているありさまであった。彼はこのとき三四歳であった。この後およそ二〇年間というもの、貧民を人間的に解放し、自律的な人間らしい人間にまで教育するという自らの理念の実現に直接取り組むことはできなかった。しかしペスタロッチはこの失敗を契機に、わずかに手元に残った農地を耕して細々と生活を続けるかたわら、多岐にわたる著作活動を展開することになる。

II　文筆家として

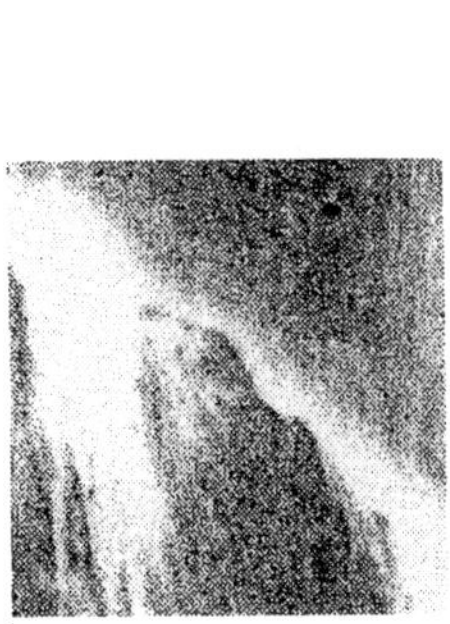

『隠者の夕暮』

経済的、精神的危機の最中にあったペスタロッチを援助し、救ってくれた人物が二人いた。一人はエリーザベト＝ネーフである。彼女は以前からペスタロッチの社会事業を高く評価していた。そして遠慮するペスタロッチのもとに、あえて女中としてやってきて、彼の家のひどい経済的困窮状態を見事に救ったのである。ペスタロッチはのちに、自分がこの窮地を脱することができたのは、彼女の有能さと勇気のおかげであったと言っている。このエリーザベト（愛称「リーザベト」）こそ、ペスタロッチの小説『リーンハルトとゲルトルート』のヒロイン、ゲルトルートその人のモデルなのである。

匿名での発表

さて、ペスタロッチを援助したもう一人の人物は、前にもふれたイーザック＝イーゼリンである。イーゼリンは、ペスタロッチに文筆家としての人生行路を開いてやった。ペスタロッチは貧民施設に関する文書をイーゼリンに公刊してもらって以来、文筆による副収入獲得の道を模索していた。そして一七八〇年一月に『隠者の夕暮』を書き、「エフェメリデン」五月号に掲載してもらったのである。しかしこれは匿名であり、ペスタロッチ自身の指摘によれば、三〇カ所ほどの誤植があった。著者によって誤植が校正されなかったため、今日でもテキストには謎の部分が残されている。
ところで『隠者の夕暮』はごく短い作品ながら、ペスタロッチ自身が言うように、「今後書くであろうすべての著作を先導するもの」であった。それ以後に展開されるペスタロッチの思想のさまざまな萌芽が、ほとんど全面的に内包されている、と言っても過言ではない。

人間の本質への問い

『隠者の夕暮』は、旧約聖書に頻繁に見られる対句法にならって書かれた、非常に格調高い荘厳な著作である。人間の本質とは何かという根本的な問題の追求が、この書の中心的主題である。

「玉座の上にあっても、わらぶき屋根の陰に住んでいても、同じである人間、その本質において人間とはいったい何であろうか。なにゆえ賢者たちはそれが何であるかをわれわれに言ってくれないのだろうか。なにゆえ高貴な人々は、人類が何であるのかに気づかないのだろうか。」

冒頭のこの一節で提起した人間の本質についての問いに、ペスタロッチは教育学的観点から迫ろうとする。しかも、そこには単なる教育学的観点だけではなく、政治的、法律的観点も含まれているのである。

イーゼリン

ペスタロッチにあっては、教育はつねに政治や法律との関わりの中で問題とされているが、初期の作品には、教育を政治との関係で問う姿勢が際だっているのである。教育者や政治家、法律家など、およそ人間のことを配慮すべき立場の人は、人間がどんな原則にしたがって反応し、あるいは発達するのか、その発達の目的は何であり、生涯の目的は何であるのか、などを知る必要がある。しかしその際、哲学者たちのように抽象的、思弁的な方法によるのではなく、直接自己自身の内奥を探究する方法によるべきだ、というのがペスタロッチの立場である。

「私の本性の内に、この真理への入り口があるのである。……純粋に私たちの本質の内奥から汲み出された真理は、幾千の人々により、真理の表皮をめぐって戦わされている諸論争を、調和させるような真理になるであろう。」

自然の道は真理への道

ところで基本的要求の充足という、人間生活の最も原初的なできごとは、主として母親（および父親）と子供との人間関係の中で生じる。この人間関係を通して、人間とは何かという人間にとって最も必要な知識への道筋を、子供は知ることになるのである。

「母の乳によって満ち足りている乳児は、この真理の道によって、彼にとって母親が何であるかを学び、そしてこの真理への道は、この幼き者が、まだ義務とか感謝とかいった言葉を口にすることができない段階ですでに、彼の心のうちに感謝の本質である愛の心を生じさせる。また父親の分けてくれるパンを食べながら、父親といっしょに暖炉で身を暖めている男の子は、同じくこのような自然の道によって、子としての義務を行うことに自分の本当の幸せがあることを知る。」

ペスタロッチは、子供にとって本当に必要な知識は、自然によって与えられた経験領域の中で十分に与えられる、とする。ルソーと同じように、知識の質と真の有用性に着目するのである。

「あなたは自分の人生行路で、ありとあらゆる真理を使用できるわけではない。人がその境遇において、もっていたおかげで浄福を受けられるような知識の領域は狭い。そしてこの領域は、その人の身近なところ、彼の本質やもっとも身近な関係から始まって、そこからだんだんと広がっていくのである。そしてその広がり方はいかなる場合にも、つねにあらゆる真理の浄福力のこの中心点に向かっているものでなければならないのである。」

この立場から、ペスタロッチは当時の知識の断片を教えこもうとする「言葉主義の学校」を痛烈に批判する。この当時のドイツやスイスでは、新教授法による教育を展開する汎愛派の人々の学校が有名になっていた。ここでやり玉に挙がっているのは、おそらくそうした汎愛派の学校であったと思われる。ペスタロッチはこう言っている。

「いたるところで、自由にゆっくり進む自然のもつ言葉の秩序をせき立てている学校の技巧的なやり方は、内面的な自然の力が欠けていることを覆い隠し、われわれの世紀であるこの時代を満足させている、あの技巧的な虚飾的な人間へと、人々を育てあげているのである。

「真理の影にしかすぎないものに向かって人をいやがらせながら、くたくたにしてしまう程に駆り立てること、何らの興味もよび起こさず、何の役にも立たない、真理のただの音やひびきや言葉に向かって人を駆り立てること、幼い人たちの全力を、こちこちの、片よった学校教師の偏見に引きずりこむこと、それから今日人間陶冶の基礎とされているあの、言葉のやりとりと、当代流行の教授法なるものの百千の技巧、これらのすべては骨折って人を自然の道からふみはずさせるものである。」

これに対して、自然の教育法は、まちがいなく真理に導く堅実なものでありながら、しかも「少しも固苦しさがなく」、「どこにも押しつけがましい秩序の影響は見られない。」ペスタロッチはこうした自然の教育法を高く評価し、人間はこの自然の方法に倣って教育を行うべきだとする。

なお、ペスタロッチはこの当時、学校というものを極めて消極的にしか見ていなかった。家庭的関係の中で子供にしっかりした教育が行われさえすれば、学校は無用なものだ、とみなしていたのである。

生活圏の思想

さて、この自然の道に沿った教育こそが本当の人間教育なのであるが、自然の道は具体的には、個々の人間の個人的境遇を通して現れるのである。

「本当の真理感覚は身近な生活圏の中で生まれる。そしてほんとうの人間の知恵というものは、自分の最も身近な境遇についての知識と、最も身近な問題を処理する練達した能力とを土台として成り立つものである。」

「人生における立場、人間の個人的使命、汝こそが自然の書物である。そして、この人間教育の基礎の上に打ち立てられていない学校教育は、いずれも人を誤まらせるものである。」

個人的境遇という場合、第一に問題となるのは家庭である。人間の家庭的関係こそが子供にとって最も身近な、第一の社会的関係なのである。

「人間の家庭的関係こそ、自然の第一にして最も卓越した関係である。」

これはすべての社会的関係の基礎になるものだとし、ペスタロッチは極めて重視している。この家庭に始まる子供の生活圏は、学校、地域社会、職業生活の場、国家へとしだいに同心円的に広がるのである。その広がりにしたがって、子供の知識や能力、自由や責任も拡大していく。しかしながら、人間の真の幸福は、あくまでもそれぞれの家庭において、平安のうちに家庭的楽しみを享受できることにある。ペスタロッチにあっては、そういう家庭的幸福を国民のだれもが味わえるように条件を整備することこそ、政治の目的なのである。いずれにせよ、同心円的に広がっていくこの生活圏に関する思想は、ペスタロッチにとって極めて重要なものである。

この生活圏思想が人間の内側に向かうとき、人間の内面の最も重要な核に達する。つまり宗教の問題に出会うのである。

神への信仰

「神は人類にとって最も身近な関係にあられる。」

この人間にとって最も身近な関係にある神に対する信仰は、人間に最も必要なものであるが、「教育で作り上げられた知恵の成果ではない。」むしろそれは、人間の自然本性のうちに萌芽として与えられているのである。それを伸ばすこと、つまり宗教教育は、賢者たちの説教とか、自然研究者が自然界を探究し、その神秘をあげつらうことによってできるわけではない。むしろ子供が家庭の親子関係の中で浄福を感覚的に、現実に経験することを通して、初めて可能なのである。

「あなたの父が日々の生活を楽しくしてくれ、苦悩に立ち向かう力を高めてくれ、幸福の享受の方が不幸よりもたしかに優位を占めているものだ、ということをあなたの心の奥底でわかるようにしてくれるとき、あなたは神に対する信仰への自然の教育を享受していることになるのである。」

このように、口先ばかりの言葉による宗教教育を避け、子供の生活経験の中で、とりわけ身近な人々の暖かい配慮と世話を通して、目に見えない神の存在への確信を徐々に強めさせるという、経験主義的手法をペスタロッチは主張するのである。

ところで神への信仰は、個人としての人間を内的に支える働きをもつ。

「人間よ、あなたの家も、家での最も賢明な享楽も、必ずしもあなたの心を安らがせてくれるとは限らない。……神はあなたの父であられる、というこの信仰にこそ、どんな暴力も墓もぐらつかせることのできない安らぎと力と知恵を、あなたは見出すことができるのである。」

それればかりではなく、信仰は知性の適切な発動を可能にする源泉なのである。

「神への信仰は人生の平安の源である。人生の平安は心の秩序の源である。心の秩序はわれわれの諸能力の迷うことなき活用の源である。われわれの諸能力の活用に秩序が立っているということは、諸能力の発達とその知恵にまで導く教育の源泉である。そして知恵はいっさいの人間の幸せの源である。」

さらに彼は、「正義感、真理感覚にしたがって行為するときに、人間の知的、精神的諸力を真に自己を幸福にするような知恵の獲得へと発展させることができる」とも主張している。つまりペスタロッチはこの当時からすでに、人間の諸力の宗教的、道徳的能力を中核とする調和的発達の必要性を強調しているのである。

信仰と政治批判

信仰はまた、社会の腐敗を防ぐ働きをももっている。ペスタロッチは権力の濫用や独裁を「公の罪」と呼び、次のように言っている。

「君主が神の御心に反するような行為をした場合に、人民がこれに国を挙げて反感を示すのは、その国民が徳性をもつ証拠である。この国民的な反感が弱まるのは、その人民にとっての最高の主、つまり神に対する信仰と従順の力が弱まっていることを意味する。」

このようにペスタロッチは、道義にもとる権力の行為に対する民衆の信仰に基づく嫌悪の重要性を指摘する。それどころか、それが国民の徳性の尺度であるとすら言うのである。権力に対する国民の抵抗権を承認するものとも言える。もっともペスタロッチは全国民的嫌悪を、政治的革命権と直結させているわけではない。彼はあくまでも政治の修復を願っていたのであり、暴動や革命を望んでいたのではなかった。いずれにせよ、ペスタロッチは国民の真の幸福を保障するものは、君主、並びに人民の正しい信仰と、真理感覚＝道徳感覚である、と捉えていたのである。宗教＝信仰の事柄を政治の手段として利用することをきびしく戒め、かえってそれを政治腐敗の防御手段と考えていたのである。

ペスタロッチの信仰観

以上にみたペスタロッチの神観、信仰観については、さまざまな見解がある。それは正統派キリスト教のものとも、理神論のそれとも異なるという学者、ペスタロッチにおける信仰は、宇宙の創造主としての神の父性に対する子供の信仰であって、自然宗教的なものである、とする学者もある。しかし『夕暮』全体にみなぎっている彼の宗教思想は、自然宗教的というよりも、むしろ宗教改革の根本精神に通じる要素が多い。とくに、人文主義的傾向をも兼ね備えていたツヴィングリの宗教的立場に近親性をもっていると思われる。

『夕暮』の末尾に付されている備考の中でのイエス観、すなわち「救い主イエス」、「仲介者イエス」、「神の人類に対する啓示としてのイエス」という捉え方は、『夕暮』と同じ頃に書かれた小説『リーンハルトとゲルトルート』で展開される信仰観と相まって、ペスタロッチの信仰観が、単なる自然宗教的なものでなく、改革派の立場に近いことを、はっきり示しているのである。

『リーンハルトとゲルトルート』

民衆のための書物

『隠者の夕暮』で自信を得たペスタロッチは、そこで表明した思想を、小説の形で発表することになる。生活の糧を得る必要に迫られての執筆でもあった。さまざまな試行錯誤の末、彼は自分が最もよく知っている農民のありのままの生活を題材にして、民衆小説に仕立てあげた。以前から、田舎の民衆にも理解できるような小説風の「民衆のための書物」を書きたい、と思っていたペスタロッチであるが、文才を認めて励ましてくれたイーゼリンや旧友ヒューースリのおかげで、その念願がかなったのである。

「この物語はどうしたことか、私の頭の中で少しも構想を立てず、構想なるものを考えることすらしなかったのに、ペンがすらすら進み、ひとりでに展開していったのでした。」

この小説の舞台はボンナルという、スイスの片田舎の小村である。そこに住む腕利きで真面目だが、お人好しで酒の誘惑に弱い石大工リーンハルト、村一番の優れた婦人である彼の妻ゲルトルート、彼らの子供たち、善良な村人をカモにしている居酒屋の主人で、悪徳代官でもあるフンメル、さまざまな因習にとらわれた村人たち、そしてこの村の領主アーナーとその協力者の牧師、などがこの小説の主な登場人物である。

リーンハルトはフンメルの罠にかかって、彼から借金をしている。家族のことを考えて居酒屋を遠ざかろうとする彼だが、その借金の故にフンメルに脅され、無理矢理酒を飲まされ、稼ぎを巻き上げられてしまう。これが彼の家庭を崩壊させかねない危機的状況を作り出している。

ゲルトルートはこの苦境から逃れるために意を決して領主アーナーに直訴し、悪代官フンメルに対する防護と方策を求める。アーナーは、ゲルトルートの苦悩の訴えに同情をもって耳を傾け、援助する。「父親らしい心をもった、よき領主」であるアーナー自身、フンメルが村民に対して不正を働いているのではないか、という疑念を抱いていたのである。アーナーは賢明な手段を用いてフンメルの権謀術数を暴き出し、彼を捕らえて処罰する。そして村の牧師の協力を得て、フンメルとその一味が村中にもたらしていた罪悪と苦悩とを取り除き、ボンナル村の社会的、道徳的改善のための方策を実施するのである。

文学者ペスタロッチの誕生　ペスタロッチの原稿は、言葉遣いや文法上の誤りの多いものだったが、イーゼリンは作品の価値を見抜き、自ら校訂した上で、ドイツの出版社から刊行する手続きまでしてくれた。こうして一七八一年四月、『リーンハルトとゲルトルート』は刊行された。この新型の小説は信じられないほどの好評を博した。ペスタロッチは一躍、ヨーロッパ

『リーンハルトとゲルトルート』のさしえ

中に文名を知られることになる。ここに文学者ペスタロッチが誕生したのであった。

かのチッフェリが創設したベルンの経済協会は、以前にもペスタロッチの貧民教育施設を経済的に援助したが、今回はペスタロッチに、「最良の市民に」と刻まれた高価な金メダルを贈った。しかしペスタロッチは、このメダルを即座に換金せざるを得なかった。それほど彼の経済状態はひどいものであった。

民衆への期待と貴族への期待

こうしてペスタロッチは文学者として有名になった。しかし彼の心は満足できなかった。『リーンハルトとゲルトルート』は彼の意図した読まれ方もしなければ、彼が期待をかけた人々に意識や生活の変化をもたらすこともなかったのである。ペスタロッチは田舎の下層民衆がゲルトルートの生き方に学んで、自分の家庭や村全体の苦悩を克服することを期待した。ゲルトルートは倹約と勤勉、経済的な思慮深さによって、外的な貧困を見事に克服したのである。しかも、その彼女はこうも言うのである。

「貧民を幸福にするのに、労働や稼ぎ以外には何も要らないというのであれば、問題はほどなく片づくでしょう。でもそんなことはありません。お金持ちであれ、貧民であれ、本当に幸福になるためには、心に秩序がなければなりません。」

つまり、生涯を通じて貧困状態を離れる見込みがほとんど期待できないような貧民は、貧困から逃げるのでなく、それに立ち向かって克服することによってのみ、幸福になれる、というのである。ペスタロッチは、下層の民衆が貧困を克服し、自らの力で人間らしい、家庭的幸福を味わえるような生活を獲得して欲しい、と願っていた。しかし、小説はそういう結果をもたらさなかった。

ペスタロッチは、貧困のもつ価値を、一面で積極的に認めていた。人間は苦悩や欠乏を通して、賢くもなれば満足に達するものだ、と言うのである。この考え方は、のちに「シュタンス便り」の中でも展開される。もちろん、ペスタロッチは貧困そのものをよしとはしない。まったく反対に、自立した中産階層の人々の暮らしをこそ、彼は理想と考えていたのである。しかし目前にいる現実の下層民衆は、この当時の社会的、経済的、政治的情勢の中では、独力で自らの運命を切り開いていくことができない。そこで彼は前近代的なそしりを免れないのだが、あえてゲルトルートを領主アーナーのもとに行かせる、つまり、上からの社会改革に期待を寄せるのである。

ペスタロッチの期待は、こうして下層民衆自身とともに、立法権や司法権を手中に収めている国の権力者、最上層の支配者たちに向けられていた。支配者たちがアーナーのように自らの社会的責任を自覚し、賢明な政治を行えば、フンメルのような中間権力者たちが不正を働いて貧民を虐げたり、搾取することもありえない。また貧民に自助の能力と精神を養ってやることにより、彼らを貧困と苦悩から解放できるはずである。ところがペスタロッチの期待に反して、この小説を読んだ支配階層の人々は、中間権力批判に満足するだけで、自らの責任を自覚して改革に本気で取り組むことはしなかった。

こうして民衆への期待と貴族への期待は、共にはずれてしまった。ペスタロッチは不満でならなかった。そのため、『リーンハルトとゲルトルート』の主要観点を分かりやすく解説するための書、つまり、「民衆のためのわたしの第二の書物」である『クリストフとエルゼ』(一七八二)を書いたのである。しかし、小説と違って教訓主義的なこの書は、結局広く読まれることはなかった。

続編の出版　そこでペスタロッチは、小説の続編を相次いで書くことになる。すなわち、一七八三年に第二部、一七八五年、一七八七年にそれぞれ第三部、第四部を出版しているのである。

第二部では、フンメルの裁きが扱われる。彼は処刑場に連れて行かれるが、領主と牧師の配慮で死刑は免れ、村の牢獄に収容される。これは受刑者に罪を悔いさせ、償いをさせたうえで、社会復帰させようとする、ペスタロッチの刑法に関する考えの表れである。ペスタロッチは次節で取り上げる「立法と子供殺し」という論文の中でも、社会や環境が人間を堕落させ、犯罪に追いやっている、としている。したがって、野獣を処刑するように犯罪人を処罰するのは誤りで、あくまでも刑法は犯罪者の更生に主眼をおくべきだ、と考えた。教育刑の思想を、ペスタロッチは早くも提唱しているのである。

さらにこの第二部では、アーナーのボンナル村改善策の実施過程が描かれている。アーナーの社会改革への取り組みに対し、村人たち自身がさまざまな抵抗をする。とりわけ、免税の共同牧草地を公平に分割し、いっそう優れた耕作法を教えることによって、最下層の村人たちの経済的状況を改善しようとするアーナーの試みは、富農たちの強力な抵抗に合うのである。しかし、総体的には彼の社会改革は牧師の協力のもとで、しだいに成果を挙げていく。かたくなで堕落しきった村人たちの心も、彼らの「親心」のこもった配慮によってしだいにとけていく。「心から親切な人は、人々を自由自在に動かし、彼らを自ら欲する方向に導く」、「人間は好んで善良であるものであり、また好んで再度、善良に戻るものである」という節の名からも明らかなように、この当時のペスタロッチには、人間は環境の産物であり、正しい教育によっていくらでも改善できるという、人間本性への信頼感、教育の可能性に対する強い自信があった。ここには、ペスタロッチの純粋な環境教育学的観点が示されているのである。

学校観の転換

第三部では、アーナーが村の改革の方策として、土地を新たに分割し、村人たちに貯蓄することを奨励する。また、学校を設立する。スイスの田舎にも当時波及してきていたマニュファクチュアは、従来の経済体系をはじめ、社会関係全体を大きく変化させていた。民衆の経済的、精神的、道徳的状態は、この新しい社会の変化の前で危機に瀕していた。ペスタロッチは、村の木綿紡績工場主マイヤーに、こう語らせている。

「この五〇年来、私たちの生活事情はまったく一変してきています。旧式の学校制度は、もはや民衆ならびに民衆が目的とすべきものに応えることができなくなっています。……農民は馬小屋に、脱穀場に、森に、野原に、固有の学校をもち、いたるところでなすべきこと、学ぶべきことがあるので、学校は必要ありません。しかし、糸紡ぎの子どもや、座業や単調な仕事によって暮らしを立てなければならない人々の場合は、事情がまったく違います。」

彼らには「両親から得ることができないもので、しかも絶対に必要不可欠であるようなものを補償してくれる」、まったく新しいタイプの学校が必要なのである。こうして第三部では、『夕暮』でのトーンとは違うペスタロッチの学校観が、展開されるのである。アーナーは、村の改革には次代を担う子供たちの教育が必須であると考える。そしてマイヤーの主張に同意して、グリューフィという人物に新しいタイプの学校を作らせる。グリューフィは退役軍人（少尉）であるが、忽然《こつぜん》として小説に登場してくるのである。この事情からも、一七八五年の頃に、ペスタロッチにとって学校が新たな意味をもつようになってきたことが明らかである。

さて、この学校はペスタロッチがかつて開設した貧民学校と本質的には同じものであった。つまり、労作と生活を中心とする教育、家庭と学校を緊密に結合した教育を行う施設こそ、アーナーとグリューフィの学校であった。ゲルトルートも領主やグリューフィに乞われて、新学校の教育に協力する。しかし、この学校は、単なる家庭教育の補充機関ではない。グリューフィは、「人間に教え込まれるすべてのことは、その知識やその技能が修業時代に流す汗で築かれるのでなければ、その人間にとって役に立たない」と主張し、職業教育を学校教育の中心に置く。またこの職業教育に、直ちに道徳教育を結びつけるのである。こうしてグリューフィの学校は、広範な職業教育を提供し、従来の農村社会と違って流動性の高い産業社会で民衆が生活するのに必要な、しかも家庭では不可能な教育を提供するのである。ペスタロッチが意図していたのは、まさに全面的な発達を目ざした、総合技術教育的なものだったといってよい。

人間への覚めた洞察

こうした学校観の転換ばかりでなく、第三部では、ペスタロッチの人間観にも大きな変化が見られる。『夕暮』や「立法と子供殺し」の中では、そして『リーンハルトとゲルトルート』の第二部の中でさえ、人間の自然本性に対するかなり楽観的な見方が支配的であった。環境を良くし、愛と善意とで温かく教育を行えば人間は必ず良くなる、という信念が見られたのである。ところがグリューフィは、そうした従来の立場に立つ村の牧師に対して、こう言うのである。

「愛は畏敬に伴うとき、またはそれに続いて示されるような場合にのみ、人間を育てる上で有益なのです。というのは、人間はいわば心の中のいばらや薊《あざみ》のような雑草を取り除くことを学ばなければならないからです。ところが人間は決して喜んでそうすることはありませんし、自分ではそうしないものです。ただ必要に迫られてやるだけなのです。つねに人間に何かを達成させ、あるいは人間を何者かにならせようとする者は、その人の悪行を制御し、その虚偽を追及し、邪悪なことをやるそんな連中には、冷汗をかかせてやらなければならないのです。」

「人間は……自己自身を野生のまま成長するに任せておくと、本来怠惰で無知で不注意、無分別で軽はずみ、だまされ易く臆病で、無限に強欲なものだ。そして危険や自己の弱点、自己の強欲と衝突する障害などを通して、いよいよひねくれた、ずるい、腹黒い、疑い深くて凶暴で向こう見ずな、執念深い、そして残忍なものになる。――これが人間が自分自身を野生のままに成長させるときに、陥らざるをえない姿なのです。こういう人間は食べるのと同じ気軽さで盗みをし、眠るのと同じような調子で人を殺すのです。」

このグリューフィの立場こそ、ペスタロッチの立場であった。彼は『夕暮』当時の、人間自然本性に対する楽観的な見解を、またルソーが『エミール』で展開したような人間の善性についての信頼を、すっかり失っているのである。これが、現実にさまざまな人々と接し、その行動様式や思考様式をつぶさに見る中で、ペスタロッチの目に捉えられるようになった人間の姿なのである。こういう本質的な面をもつ人間だからこそ、動物の段階に留まらず、人間になるべきであるとすれば教育が必要なのである。人間の本質に対するこの覚めた洞察は、やがて『探究』での徹底的な人間探究として、実を結ぶことになるのである。

「立法と子供殺し」

懸賞論文への応募

小説の続編にまでふれたために、やや先を急ぎすぎてしまった。もう一度一七八〇年代初めに戻ることにしよう。実はこの当時、スイスの重大な社会問題の一つとして、未婚の母が自分で産んだばかりの子供を殺すという、痛ましい事件の頻発があった。そんな風潮の中で、「子供殺しを止めさせるための最良で実行可能な手段は何か」を問う懸賞論文が募集された。イーゼリンに勧められ、ペスタロッチもこの問題に取り組むことになった。彼はチューリッヒおよびその周辺地域から多くの資料を集め、徹底的な研究を始めた。彼には、この仕事によって自分の能力をチューリッヒ政府に認めさせ、民衆のために働くという青年期以来の希望がかなえられはしないか、との期待もあったのである。

少女の絶望

「ヨーロッパよ、汝の首斬り役人の刀を鞘《さや》に納めるがよい！そんなものは子供殺しをした娘たちを、いたずらに切り裂いているだけである。心の内なる狂気、絶望的な内心の激怒がなければ、どんな少女も自分の子を絞め殺したりはしない。そして荒れ狂い、絶望的になっている者のうち、一人として汝の処刑刀を恐れる者はいないのだ。」

ペスタロッチは冒頭でこう言い、顕在的な少女の殺人行為のみに目を奪われ、この犯罪の真実の原因を見逃してはならないとする。また死刑という刑罰の脅しによってこうした犯罪が防止されると考えることの誤りを指摘するのである。

では、子供殺しという恐ろしい犯罪行為の真の原因は何か。ペスタロッチの見るところでは、この不幸な少女たちは本来、心情も高潔で、母となることの喜びや子供に純粋な愛を注げる心をもっているはずなのである。そのような少女がなぜ、子供殺しなどという犯罪を犯すに至るのであろうか。ペスタロッチはその原因を少女の絶望に求める。

「不幸な少女が子を殺すのは絶望のためである。しかも彼女が絶望するのは、不徳な男に心をよせたがために他ならない。」

「だが一旦絶望の基礎がおかれ、いく月も胸の奥底で人間性の最後の感情も消え失せ、神への愛や、救いとなる神への信仰の最後のひらめきも消えてしまった時、少女は殺すのである。しかも、やさしい、臆病で内気な娘が——射ち殺された鳩の血を見てさえ、色蒼《あお》ざめる娘が——わが子を殺すのである。」

ペスタロッチは、このような哀れな少女たちの絶望の原因を探ることこそ、より人間的なことであり、必要なのだと言う。

「あなたがたは絶望した少女の行為を恐ろしいと言う前に、その罪をよく考えて見るがよい。ただ乱行となって現れる狂気だけが絶望なのではない。……それは往々ただ頭の乱れ、単なる力や思慮分別の衰えにすぎぬこともある。……だから、絶望を激しく表さない少女が子供を殺すとき、きっと故意にやったに違いない、と言ってはならないのである。」

刑法の誤り　ペスタロッチはこのように、不実な男にだまされた不幸な少女に同情を寄せ、むしろ彼女らを絶望に追い込む社会を非難する。第一に彼は、淫乱の罪に対する刑罰の誤りを指摘するのである。

「貞操を奪われた少女たちを、援助も助言も与えずに不幸と絶望とに委ねている淫乱取締法は、人間的な心情の要求を満足させるものでもなければ、内的な人間性の基底の上に建てられてもいない。」

「処罰を受けることに対する恐怖が少女を絶望に追いやるような場合には、この不幸な行為はその処罰から生まれる、と言ってよいかも知れない。しかもこれが起こるのは、罰則が明らかに不当で、またそれが必然的に少女の心の内に、自分は不正を受けている、という深い感じを引き起こすときなのである。」

少女をだまして妊娠させ、自分では一切の責任を負おうとしない世の男たち、とりわけ上層階層の男たちは、まったく罰せられることなく放免されている。他方、純粋な愛をもって男を信じて裏切られた少女たちは、一方的に罰を受けているという矛盾、しかもそれが片手落ちの刑法の故であることを、ペスタロッチは鋭く突くのである。

この刑法の誤りとともに、ペスタロッチは「偽善的な国の風習のもつ硬直した道義感」や「表面的・外面的な礼儀正しさ」、未婚の女性の妊娠を口やかましく非難する僧侶たちに代表されるような、大げさでわざとらしい「国民的風潮」、そしてまた、家族や親戚の者までが世間をはばかって不幸な少女を援助することを拒絶すること、こうしたことが彼女たちを追いつめ、絶望させ、このおそるべき犯罪へと追いやる元凶だとしている。

「なぜ子供殺しを選ぶのか」

それでは、国家はこの忌むべき犯罪を防止するために何をなすべきなのか。ペスタロッチはこの犯罪防止策を論じるに際して、「絶望した少女は、なぜ子供殺しという行為を選ぶのであろうか」と、その根本的原因を問う。そしてこの行為の源泉を、人間の根本的な素質や情念に求めるのである。

人間には一般に、みだらな恥ずべき行為のために非難されたり、侮辱されることを忌み嫌う感情がある。この感情、つまり嫌悪感は、男性によりむしろ女性の方に強いのである。しかもこの嫌悪感が生き生きとしていることこそ、女性の素質の優しさと女性の性格の独自性とを保ち、女性としての徳を守って結婚生活を幸福にするためにも本質的に必要なものである。

要するにペスタロッチは、子供殺しという犯罪行為を導く情念は、とりわけ女性の存在に本質上必要なもので、女性としての徳と本分にとって不可欠な衝動と素質なのだ、というのである。こうしてペスタロッチは、子供殺しはこの嫌悪感の現れであって、それ自体としては恥ずべきものでも、悪徳でもないとする。さらに一歩進んで、国家はこの「私生児から逃れたい」という、少女たちの人間性の要求に基づく嫌悪感を満たしてやる義務がある、とすら言うのである。

人間を犯罪的行為に導く衝動そのものが、人間の徳にとって不可欠な衝動でもある、というペスタロッチの洞察は、極めて注目すべきものである。この根本的衝動を擁護し、正当な形で満足させることを犯罪防止のための基盤とする。これがペスタロッチの立場である。

ところで、この「私生児から逃れたい」という衝動のもたらす結果は何か。それは「子供殺し」である、と一般には考えられる。しかし、どうしてそれ自体としてはごく普通の衝動が、子供殺しという残虐な形をとることになるのか。その原因はすでに見たように、親心が欠けている立法と行政、偽善的な風俗・習慣、親族の者の愛の欠如などが少女を絶望に追いやることにある。人間愛に欠けた冷酷な仕打ちが、少女を犯罪に追いこむのである。

たしかに国家は風紀を守るべき義務を負ってはいる。しかし国家は、人間が根本的衝動を充足しようとするのを暴力的に禁止する権利をもってはいない。また、仮に少女が妊娠しようと、私生児を産もうと、さらに「子供殺し」をしようと、究極的には国家に対して犯罪を犯しているわけではないではないか。ペスタロッチはこのようにすら言う。国家は権力で性衝動を抑えこむことはできないし、そうしてもいけない。人間は、国家の意向に関係なく、自ら内面的に高尚にならなければならないものなのである。

「国家は倫理学者、またとりわけキリスト教倫理学者のように、高すぎる要求を出してはならない。だから、未婚の少女は国家のために妊娠してはいけないという国家の無条件的な要求は、たしかにまったく不当なものである。国家が刑罰や贖罪《しょくざい》をかざして、少女たちが妊娠することを禁じるのは、不当以上のことなのだ。」

以上の考察を踏まえて、ペスタロッチは、国家がこの犯罪を防止するためにとるべき手段の二本の柱は、愛護的な立法、および真の教育による啓蒙であるとするのである。

愛護的な立法と国民教育

国家がとるべき犯罪防止法の第一の柱は、賢明な、親心のかよった立法である。そうした立法の基礎としてペスタロッチが強調するのは、人間の心情の最も基本的な衝動を正しく認識し、これを肯定せよ、ということである。ペスタロッチにあっては、人間のあらゆる根本的衝動、素質および諸力を醇化することこそ、人間の幸福にとって必須なのである。本能を無力化したり抑圧したりすることは、それを粗暴化させ、堕落させることと同様、避けなければならない。しかも人間の心情の根本的衝動の醇化は、そうした衝動が充足されることを前提条件とするのである。これを踏まえた賢明な立法が必要なのである。

「君主たちよ！人間性の真の欲求を十分に顧慮しなさい。あなたがたの立法と人民に対する要求とを、これらの欲求と一致するようにしなさい。さらに、あなたがたの要求が、優しい、父親らしいものとなるようにし、万人の胸に鼓動する人間の心情と合致するようにしなさい。こうすることが、あなたがたが裁くよりむしろ導くべきである民衆を教化するために、まずなすべきことなのです。」

このような愛護的で、「父親らしい」立法こそ、恐怖心に訴え、かえって人間の心を硬化させる強制手段よりも、はるかに人間の感情を賢く導き、国民の心を醇化するものだというのである。

こうした立法の改革による犯罪防止策とともに、ペスタロッチは真の国民教育の必要性を指摘する。

「国を一般にこうした凶行から守るものは、犯罪の処罰ではなく、むしろ人間を善にまで教化し、人間の小さな罪悪の若芽を絶つことである。」

「国家は国民の純潔を守るために、淫婦の贖罪に、また子供殺しを防ぐために絶望した女たちの斬首に依るべきではなく、これらの二つのものを一番よく予防するのは、国家が国民の中にあまねく、神の畏敬と真実と信仰と家庭の力と家庭の徳とを促進するときだ、と私は思う。」

「すべて真の国民を啓蒙する基礎も、財産の獲得と使用とにおけるすべての知恵の基礎も、一つのまさに同じもの、すなわち国民の根本衝動を一般的に内面的に気高くすることなのである。そしてこれは、哀れな不完全な人間においては、神とその愛の祝福とに対する真の生き生きとした信仰へ彼を向けることによってのみ、達成できるものである。」

以上のようにペスタロッチは、真の国民教育により、少女たちが神への畏敬と信仰、並びに家庭的な徳を身につけられるように導くことこそが、犯罪防止の根本策だとするのである。

少女の保護策

では、不幸にして妊娠して私生児を産むことになる少女はどうすればよいのか。

ペスタロッチの見解では、私生児から逃れたいと願う少女を助けてやることは、人間社会の道義や幸福の妨げになるとは言えない。むしろ、そうした援助や忠告がないことが、少女たちの心を硬化させ、女性の美点と本分とを支える基本的な素質と衝動の敏感性を失わせ、絶望に追いこむのである。しかしそうした援助は、世の女性たちの放縦、淫乱の蔓延、肉欲の狂乱を招きはしないか、という反論があろう。それに対して、ペスタロッチはこう反論する。

「人間に淫乱をやめさせ、清純にして貞潔な、そして尊敬すべき風習へと進ませる最も重要な、本質的動機は、幸いなことに人間性の内奥に存在する。」

「一般にあまり子供を打たないで、絶えず正しく心と頭とに働きかけることこそ、崇高な、優れた教育の本質である。一般にあまり民衆を打たないで、絶えず正しく心と頭とに働きかけるのが、崇高で優れた立法の本質なのである。」

この見地に立ってペスタロッチは、妊娠した少女を保護し、安心して母親となれるようにするための具体的な施策を提案する。彼の提案の骨子は次の通りである。

(1) 秘密の高等風紀裁判所を設置すること。
(2) 国内の各地に、地方風紀裁判所を設置すること。
(3) 国内の各地に、良心指導所を設置すること。これは妊娠した不幸な少女たちに友、父親として接するもので、非難、尋問、制裁は行わない。また、いっさいの守秘義務を負う。
(4) 良心指導所の下に、誓約をした優れた産婆を置くこと。
(5) 高等風紀裁判所、地方風紀裁判所、および良心指導所は、妊娠した少女から手数料や物品をいっさい取らないこと。

ここに見られるペスタロッチの人間観は、極めて楽観的である。人間性の底に潜む原罪的なものを彼は積極的に認めてはいない。人間性に対する徹底的な信頼に立っているのである。

結果的に彼の研究と主張は、当時の支配者たちに十分受け入れられず、大きな影響を与えるまでには至らなかった。しかし今日でも、教育刑の考え方を中心とする彼の刑法に関する理論や主張、国家権力と道徳、教育と法律との関係を問う姿勢などは、極めて重要な歴史的意義をもっている。

フランス革命とペスタロッチ

息子ヤーコプの死

ペスタロッチはさまざまな著作に取り組みながら一七八〇年代を過ごしたが、心の内はひどく孤独で、不安に満ちていた。とくに一人息子のヤーコプは病弱であり、知的能力も欠如していた。ペスタロッチ夫妻は、十分な教育を与えなかった自分たちにその原因がある、と悩んでいた。とりわけ、一七八六年にヤーコプに癲癇《てんかん》の兆候が現われた時、彼らはいよいよ悩みを深くした。「私は哀れな父親だ。お前に幸福を願いながら、その何分の一もかなえてあげられなかったのだ」と、ペスタロッチは書いている。ヤーコプはチューリッヒの徒弟先からノイホーフに戻り、一七九一年に牧師の娘、アンナ＝マグダレーナ＝フレーリッヒと結婚した。彼の子供のうち、一七九七年に生まれたゴットリープだけが健康に成長した。しかし、ヤーコプは一八〇一年に、わずか三二歳の若さでこの世を去ったのである。

フランス革命への態度

こうした個人的な苦悩の中にあっても、ペスタロッチの教育的関心、政治的関心は相変わらず旺盛であった。彼はオーストリアとトスカーナの

ペスタロッチと孫ゴットリープ

宮廷の愛顧を得ようと努力した。彼は、当時の民衆の政治的な能力の現状からみて、貴族政治が最もふさわしい政治形態だと信じていたのである。その矢先に、フランス革命が勃発した。貴族主義的で、封建的な様相が色濃い『リーンハルトとゲルトルート』の第二版を書き、国の内外の貴族社会に接近しようとするなど、革命とは相反するような態度をとっていたペスタロッチだが、革命当初から革命家たちに共感をもっていたのであった。彼が貴族に期待したのも、社会の最下層で苦しみ悩む民衆の人間的解放の現実的手段としてだったからである。したがって、絶対主義に対するフランス人民の蜂起を、ペスタロッチは当然のこととみなし、躊躇《ちゅうちょ》することなく人民の側に加担したのである。

もっとも、ペスタロッチは流血の革命よりもむしろ、漸進的な改革を願っていた。一七九二年に、彼はこう書いているのである。

「私は生涯ずっと市民的啓蒙をつねに愛してきました。しかし、啓蒙は、市民的秩序の維持と、その多面的な促進のための手段を漸次準備していくことによって、最もうまく達成されるのだ、ということを、私は他に例がないほどに、断固主張してきました。」

彼の祖国スイスも、革命を経験することになるが、ペスタロッチはその革命の時代にも、祖国が流血によらない改革の道を歩むようにと、さまざまな努力をしたのである。しかし、ひとたび革命の道が選びとられたときには、彼はこれを進んで支持することになるのである。

ところで一七九二年八月二六日、フランス国民議会は、クロプシュトック、シラー、ワシントンと並んで、ペスタロッチにフランス名誉市民権を授与した。ペスタロッチはこの知らせに当惑した。当時のスイスの保守的社会は、フランス革命政府の干渉を恐れていた。そんな折の名誉市民権の授与である。ペスタロッチは、フランスと何か秘密の関係をもっている、と人々が疑惑をもちはしないか、と心配だったのである。彼は貴族主義的なフェレンベルクに対し、「フランス人とは何の関係もなかった」と弁明している。しかし、名誉市民となってからは、彼は革命家と接触をもち、積極的に革命に関与するようになるのである。

革命論文「然りか否か」

ペスタロッチは革命への関与の手段として、革命論文「然りか否か」を構想し、執筆に取りかかった。この論文の主題は、「ヨーロッパの君主たちがもはや玉座の上で安泰でなくなっているのは、本当に時代の啓蒙のせいであろうか」、という問題であった。彼は革命を起こした人民の「思慮のなさ」と「暴力行為」を排撃しながらも、「人民の法的に保護されている諸権利に対する、ヨーロッパの宮廷の全権要求こそが、この革命の原因である」とする。支配権力の腐敗と、人民に対する不当な支配とが、革命の原因なのである。したがって、非はひとえに権力の側にこそある。しかし彼は貴族主義的な国家構造を、急進的に廃止しようとはしない。彼はあくまでも、教育による国家改造を目ざしていた。こうした彼は、名誉市民としての地位を活用して、フランス国民議会に民衆教育の大切さを訴え、その方面で新しい「祖国フランス」に貢献しようと申し出た。

「フランス国民から、その同国民として招聘されるという名誉をいただいておりますので、高潔なる人権の擁護者であられる皆様に対し、私が……新しい祖国に奉仕を捧げることを、私の義務であると認めている旨、断言してよろしいかと存じます。私は古くからの共和主義者であります。そして、共和主義憲法の優れている諸点と難点とを熟知しております。」

「私は民衆教育の部門では、だれにも負けないほどの才能を示すことができます。祖国は、自由の真の恵福を国の中の小さな家々にも、純粋に生み出すために、この教育の部門で経験をもつ人々の知識と活動の提携を、ぜひとも必要としていると信じますので、私は皆様が……私のこの希望を……無益なものとお思いにならないようにと、失礼ながら申し上げる次第であります。」ペスタロッチのこの申し出は、フランスの財政困難から叶えられなかった。また、アンナ夫人は、ペスタロッチがフランスに行って活動するという、この計画に反対であった。そこでペスタロッチは、言論で革命を支援しようとし、一七九三年の夏、ふたたび革命論文の著作に取りかかったのである。

この論文はしかし、結局は出版主を得ることができず、彼の死後まで陽の目を見ることがなかった。なおペスタロッチは経済的困難に直面しているフランスに対し、自らの農業知識に基づいて、ジャガイモ栽培を勧めている。この現実的な支援の姿勢に、ペスタロッチのフランス革命に対する態度がはっきりと現れているといえよう。一七九四年、ロベスピエールが失脚した後、ペスタロッチはパリに行ったが、この時もやはり、革命は、この名誉市民に何の仕事も与えることはなかった。

ところでこの革命論文で注目しておくべき点は、ペスタロッチが道徳的国家観を明確に否定していることである。『隠者の夕暮』や『リーンハルトとゲルトルート』などでのペスタロッチの主要論点は、父子関係を中核とする家庭的・道徳的精神を賛美し、それを国家にまで拡大して、社会改革（立法と行政の改革）を行わせることであった。道徳的で家父長的な人格関係をモデルとして、国家は再建しなければならないし、それは可能であるという、道徳的国家の理念を彼は唱道していた。もちろん、民衆の支配者に対する子ごころを第一義的に強調するのではなく、むしろまず、支配者の側の自己改革、民衆の父親の立場のもつ神の前における義務と責任の重さをこそ、彼が強調したのはたしかである。しかし、彼の国家観はこれらの諸著作を書いた頃、家父長制的な道徳的国家観、道義国家観であったと見られても仕方がない要素を帯びていた。

しかしペスタロッチは一七八三年の『自然と社会の状態についての断片』の中で、次のように書いている。

「キリスト教、および宗教は国家の事柄ではない。それは道徳的知恵の偉大な前進である。しかしその信仰箇条は、現存の所有の権利にはふれず、したがって政府とも関係ない。各人は信仰の教義にしたがうべきである。道徳的善や道徳的義務を政治的権利と混同し、あるいは法的に正しいことを宗教的な善と混同することは、真実の国家政治の単純な観点を混乱させ、その結果、それが防止しようとしているまさにその犯罪を植えつける。神への奉仕を強制したり、徳を植えつけるために権力を強制することは無意味である。」

そしてこの観点が、革命論文「然りか否か」の中ではいっそう徹底され、明確に道徳的国家観を否定するに至っているのである。

「新しい国家はキリスト教的ではない。否、それはもはやキリスト教的ではありえない。キリスト教と国家とは、根本的に分離されなくてはならない。」

「福音主義は決して市民法の体系ではない。」

「現実界はキリスト教的には統治されない。統治そのものはキリスト教的ではない。国家は国家として、その最も本質的な制度において、明確にキリスト教に反して行動する。」

スイス革命の胎動

ペスタロッチはチューリッヒにもどったが、ちょうどその頃、チューリッヒ湖畔のシュテーファー村民が、市政府に対して権利回復を要求する覚書を提出した。その内容は、商業の自由、手工業経営の自由、学問をすることと聖職につく自由、官吏選出に参加する自由、などを求めるものであった。ペスタロッチは、これを起草するのを援助したのではないか、と嫌疑をかけられた。その前年の冬、彼はチューリッヒ湖畔のリヒタースヴィルにある、彼の従兄弟のホッツ博士の家の管理をしていたのであった。この嫌疑は晴らすことができたが、チューリッヒ市当局は、起草者とおぼしき者に国外追放という、法外なきびしい処罰を加えたのであった。この結果、市域外地区の住民の不満はいっそう掻き立てられた。

ペスタロッチは、市当局と村の住民の間に調停者として入って、相互の理解を図ろうと努力した。しかし、彼は双方から恨まれるような目にあった。事態は深刻化し、政府は軍隊をシュテーファーに送って弾圧したのである。ペスタロッチは村民運動の犠牲者のために、チューリッヒ政府に寛容な処置を求める論文を書いている。ペスタロッチは一貫して革命側に立っていたが、革命家ではなかった。革命を越えた高い境地にまで人々が到達することを、彼はあくまでも要求していたのである。

「自由を求める望みを、真の必要の範囲内に制限しなさい。そしてその制限を、健全で確実で幸福な家庭生活の享受というところにおきなさい。」

この数年後にスイスも革命を経験することになるが、それに先だってペスタロッチは、彼の哲学的主著である『人類の発展における自然の歩みに関するわたしの探究』を完成させたのである。

『人類の発展における自然の歩みに関するわたしの探究』

『探究』の刊行と反響

ペスタロッチは一七九七年に『人類の発展における自然の歩みに関するわたしの探究』を刊行した。この著作の構想は、すでに一七八〇年代初めに浮かんでいた。八〇年代の後半に、ペスタロッチは自然状態と社会状態という基本対立のもとで政治的、社会的問題を取り扱う諸論考を書いたが、フランス革命を機に政治哲学の問題に本格的に取り組みはじめたのである。そして一七九三年に脱稿した「然りか否か」の刊行がままならなかったため、一七九三年から九五年にかけての三年間、ペスタロッチは『探究』の執筆に没頭した。

ところで一七九三年にペスタロッチは、チューリッヒ湖畔のリヒタースヴィルの親戚ホッツ家の管理をしていた。この折に、ドイツの哲学者フィヒテが彼を訪ね、旧交を温めている。フィヒテは、自分の政治哲学をこの著作で明らかにしたい、というペスタロッチの計画を支持し、激励した。このフィヒテとの会話で、ペスタロッチは自分の見解がカントのそれに近いことを知らされ、勇気づけられたと言われている。なお、この際のフィヒテを介してのカント思想のペスタロッチへの影響を重視する学者も多いが、探究の方法、人間の捉え方など、決定的な両者の相違があることは無視できないであろう。

『探究』の素稿は一七九五年末にできあがった。ペスタロッチの友人たちがこれを批評したが、かなりきびしいものであった。いらいらするほどの繰り返し、当代の哲学的概念からの乖離《かいり》や遅れ、などが問題とされた。ペスタロッチはそうした意見を聞いて修正を行った。しかし、最終的に刊行された作品も、結局は「我慢ならない代物で、だれも読みはしないだろう」と評されたのである。

実際、この著作は人々に理解されなかったし、評価されることもほとんどなかった。のちにペスタロッチは『ゲルトルート児童教育法』の中で、こう回顧している。

「私の周囲での私の書物の反響は、私の日頃の実践の反響と変わりませんでした。ほとんどなんぴとも私を理解してはいませんでしたし、私のまわりのたいていの人が、私の本の内容はさっぱり理解できない、と無遠慮に私に申しました。」

ただ一人、この著作の真価を見抜いて高く評価したのは、ドイツの歴史哲学者ヘルダーであった。彼はこの著作を、「ドイツ的な哲学的天才の誕生」と評し、ペスタロッチを称えているのである。ヘルダーの眼の確かさは、今日改めて証明されていると言えよう。

構成と研究方法

さて、『探究』の主題は、『夕暮』同様、人間および人類の本質を追求することであった。「私は何であるか、また人類は何であるのか。私は何をなしたか、また人類は何をなしているのか」という問いに対して、ペスタロッチは冒頭部分であらかじめこう答えている。

「人間は動物的状態の無力さを通して、さまざまな洞察を得るに至る。この洞察は人間を取得へと導いていく。取得は所有状態へと導く。所有状態は社会的状態へ、社会的状態は財産、権力、そして名誉へと導く。名誉と権力は征服と支配へ、征服と支配は貴族、官職、玉座へと通じている。──これらのすべての状況は、法律的な権利状態を呼び起こす。この権利の欠如は、独裁と奴隷制へと通じている。……私はさらに自然の歩みに従っていく。私は私の内に好意というものがあるのに気づく。この好意があるときには、取得、名誉、財産、権力は、私を最内奥において高潔なものとし、これが欠けているときには、この地上での社会的存在としての私のこれらすべての取り柄は、私を最内奥において堕落させるのである。私はこの好意の本性を探究する。そして好意が私の本質の内で感性的で動物的なものであることを知る。しかし私はまた、私自身の内に、私の最内奥においてこの好意を高尚なものにする一つの力があるのに気づく。そしてこの高尚化された好意を、愛と呼ぶのである。……だが、愛が今にもなくなりそうになるとき、私は予感の力によってこの世で可能なすべての探究と知識の限界を越えて、私の存在の根源にまで自らを高め、そこに私の本性の悪と弱点に打ち勝つための助力と救いとを求めようとするのである。」

この答えを論証するために、ペスタロッチは個々の概念を、彼の生涯での経験を内省しつつ吟味する（第一部）。「私自身のうちにある真理、すなわち私の生活の経験が私を到達させた単純な帰結」をこそ、ペスタロッチはつねに求めようとするのである。この手法は彼が『夕暮』でも用いたもので、啓蒙期の哲学者たちの思弁的、抽象的、哲学的方法と異なる、彼独自の研究方法である。彼の人間観が、合理的に、分析的に、かつ思弁的に人間を捉えようとする哲学的人間学の所産としての人間観と異なるのも、この方法のせいであるといえよう。カントとの相違のもっとも顕著な点がこれである。

ペスタロッチはこの検討の過程で、「私の本性のうちに存在するように見えるさまざまな矛盾」、すなわち、同一の人間でありながら、時や場合によってまったく相反する反応さえ表す諸矛盾の原因を、次の事実のうちに見出すのである。

「人間は、あるいはむしろ私自身は、三つの異なる仕方で世界を表象する。そしてそのために真理と権利との私の表象も、これら三様の見地に応じて本質的に違っている。私はこれら三つの異なる見地のおのおのによって、ただその見地にだけふさわしい真理と権利との表象を、私自身のうちに作り出すのである。」

こうして彼は、自然状態、社会的状態、道徳的状態という三つの状態を想定し、それぞれの状態において、人間はどんな特色をもつ存在であるかを論じる（第二部）。この三状態は、人間が個体発生的にも系統発生的にも通過する発達段階であると同時に、個々の人間のうちに重層的に存在しているものでもある。そして最後に、その見地からあらためて第一部の結論を再検討するのである（第三部）。

自然状態と社会的状態

まず自然状態とは、「言葉の真の意味において動物的な健全性の最高段階」であり、この状態では、人間は純粋な本能に導かれて、無邪気にあらゆる感性的享受を楽しむ。しかしこの純粋な自然状態は、人間がこの世に生まれてくる瞬間に存在するのみである。この瞬間以降、人間は「本来、自己の自然本性の健全さが根ざしていた基礎点」である、本能の確実性や欲求とその充足の均衡の基礎点から離れてしまう。もはや純粋な自然人はなく、動物的に「堕落した自然人」、欲求とそれを充足する力の均衡を欠いた動物的存在としての人間しか、存在しないのである。

このようにペスタロッチは、自然状態を「純粋な自然状態」と、「堕落した自然状態」の二つに分ける。前者はほんの一瞬しか存在しないのだが、人間がいわば回帰すべき原点としての意味を負っている。それはあとで述べる「道徳的状態」に相通じる性格をもつのである。この自然状態の二分法は、ルソーと異なるところである。

「堕落した自然人」は、自然的諸要求をもはや自分の力で満たすことができない。そこで彼は「自分の動物的本性の要求を、より容易に、より確実に充足するために」社会的状態に移るのである。社会的状態とは、ある種の法的協定に基づくもので、動物的利己心、我欲、権勢欲などが法によって規制され、個々人の独立が尊重されるたてまえにはなっている。しかし、それはあくまでも法的な権力によってなされるのであって、決して道徳的な原理に基づいてではない。社会的自由も権利も、その意味できわめて基礎が脆弱《ぜいじゃく》なのである。要するに、社会的状態は本質において、自然状態の堕落に端を発する「万人の万人に対する闘争」の継続状態にすぎない。この闘争は、自然状態のそれと比して、闘争のための激情が緩和されるわけではない。かえって人間は畸型《きけい》化され、満足しえなくなっているため、自然本性からくるあらゆる奸知《かんち》と冷酷さをもって、この闘争を進めるのである。

こうして社会的状態は、堕落した自然人の利己的本性の力が支配している状態に外ならない。ペスタロッチにとっては、当時のヨーロッパの封建制社会も過激革命主義体制下の社会も、このことの証明でしかない。人間はこの社会的状態においては決して満足できないし、完成されることもありえない。

「私は単なる感覚的享楽の境地においては、自分が完成されたとは思わなかったように、社会的な人間としての形成の境地においても、やはり自分が完成されているとは思わない。これは私の宿命である。」

ところで人間がこのことに気づき、真の完成に至るべき義務が人間にはあるのだ、と認めるとき、道徳的状態が社会的状態に結びついていくのである。

人間の内なる自然の歩みは、自然状態から社会的状態を経て、ついには道徳的状態に至るが、その契機は、ペスタロッチによれば人間の内奥にある。

道徳的状態とは

「私は私自身の内に、この世の万物を私の動物的我欲や私の動物的諸関係とは関わりなく、ただそれが私の内面的醇化《じゅんか》のために何を寄与するか、という見地だけから表象し、また、万物をただこの見地からだけ要求したり、拒否したりする、一種の力をもっている。この力は、私の自然本性の奥底に自立している。……この力は、私にとって本質的に内在する感情、つまり、私のなすべきことを私の意志決定の法則とするときに、私は私自身を完成するのだ、という感情から生まれるのである。」

この人間の内奥に自立して存在する力、すなわち道徳的力は、自然状態の人間にも、社会的状態の人間にも、意のままにならないばかりか、そもそも必要でもないものである。

「道徳はまったく個人的なものである。それは二人の人間の間に成立するものではない。なんぴとも私に代わって、私が道徳的だと感じることはできない。」

人間は動物的存在としては「自然の作品」であり、社会的存在としては「社会の作品」であるように、道徳的存在としての人間は、もっぱら「私自身の作品」なのである、とペスタロッチは言う。

「私は私自身の作品として、私の道徳的力を通して、私の本性がなしうる最高の品位にまで私を高める。」

人間の精神的、道徳的本性は、動物的なものから、したがって社会的なものからも厳密に区別される。たとえば、もっとも純粋な愛の現れとしての宗教について、ペスタロッチはこう言っている。

「お前の本性のこの大胆な冒険、お前が単に感性的自然であるかぎりでの自己自身を超えていくこの死の飛躍（サルトー－モルターレ）、それは滅殺といってもよい、それは再生といってもよい。それは精神をして肉体を支配させようとする、お前の全本質の最高の緊張であり、私の動物的本性をさえ、私自身と戦わせるために燃え上がらせ、私の手をして不可解な戦いのために振りあげさせる、私の本性のうちに生きている、よりよい力である。」

こうして、一方では、道徳的状態における私、つまり「私自身の作品」としての私は、それ以前の状態、ないしは「作品」から超越した、非連続的な存在である。「死の飛躍」を踏んではじめて実現するものである。

しかしながら、他方、「私自身の作品」としての道徳的存在も、「自然の作品」であり、「社会の作品」であることをやめるわけではない。「人間は純粋に道徳的であることはできない」のである。しかも人間は動物的な方法による以外には、人間になることはできない。自由な意志をもつ人間は、「動物的な接近」により、つまり道徳的な心情への感性的な誘導手段によって、はじめて道徳的になりうるのである。

ペスタロッチは厳格な二元論はとらず、あくまでも人間を有機的な、総合的な存在として把握する。人間は、自然状態から社会的状態を経て、道徳的状態へと発展していくが、同時につねにそれらが内に混在している三重の存在、しかも、その内に神的な本質をもつ三重の存在なのである。これこそが、さきに挙げた人間の諸矛盾が生じてくる原因なのである。

『探究』の特色と価値

『探究』は、ペスタロッチの思想発展史の中できわめて重要な位置を占めている。この中で明らかにされた人間哲学、社会哲学、政治哲学が、その後の教育研究者ペスタロッチの思想的基盤となっている。以下、簡単にこの書の特色と価値についてふれておこう。

(1) 人間は「天使と動物との中間的存在」であり、一方でその内に「安楽への傾向性」をもっていて、それに支配されやすい存在であること、しかし同時に、他方、我欲とともに、好意、愛、信仰(宗教)という、人間的な力をも与えられていて、三つの各発展段階でこれに我欲を支配させることで、人間らしくなりうる存在でもあることを指摘している。

以上のように、ペスタロッチ独自の人間観を体系的に叙述したものであって、その後の教育・教授法研究の基礎を築いた著作であること。

(2)　「環境が人間を作るのであり、また逆に人間が環境を作るのである。人間は、自己自身を意のままに、多種多様に制御する力を、自分の内にもっているのである」として、人間は内に道徳的力をもち、自己を変革しうる存在であること、環境に左右されるだけでなく、環境をも変えることのできる、自律的な存在であることを指摘している。

これによって、環境教育学から脱皮し、人間形成の諸力は人間自身の内にあるとする、自己活動、自発性の教育学への展望を開いていること。

(3)　社会的状態の本質を、堕落した自然状態の継続として捉え、その人間発達上に果たしうる役割の限界、市民的権利と自由の本質と限界などを指摘している。これに関連して、国家権力の本質をも鋭く見抜いている。また、道徳や宗教の本質はまったく個人的なものであるとし、国家と宗教、国家と道徳の関係について明瞭にしている。このように、ペスタロッチの社会哲学、政治哲学を体系的に叙述した書物であること。

『探究』はさきにも述べた通り、相当に難解な書物であり、その上かなり大部で、取り扱っている問題も極めて多岐にわたっている。ここでの解説も、極めて限られたものでしかない。優れた翻訳書もあるので、ぜひ原典に直接取り組んでいただきたい。読み終わった時に、その努力が報われた、という実感をきっともたれることと思う。巻末に挙げた参考文献中、シュプランガー著『教育の思考形式』、および、玉川大学出版の世界教育宝典『ペスタロッチ全集』第六巻所収の、虎竹正之教授の解説などは、適切な手引きになるであろう。

III 教育家として

「シュタンス便り」

革命政府への期待

一七九八年四月、フランス革命政府(総裁政府期)の強力な影響のもとで、これまでのスイス連邦に代わって、スイス革命政府、つまり「ヘルヴェーチア共和国」が成立する。一八〇三年三月、ナポレオンの「仲裁決定」によってその命脈を絶たれるまでの、わずか五年間の短命政権であった。国内におけるその評判も、概して、決して芳しいものではなかったようである。

スイス国内でこの政府を支持したのは、主として平地スイス――社会的・経済的に、したがって思想的にも、スイスの先進地帯――の、とりわけ地方住民(市域外住民・非市民)であった。彼らは、かねてから市民の特権の廃止、全住民の同権、商工業活動の自由、税制の改革などを求めており、その実現を革命政府に期待していたからである。ペスタロッチもまた、同じ期待を革命政府に寄せていた。そこで彼は、進んで革命政府に協力する。無批判的ではなかったにもせよ、相当に積極的であったことは間違いない。しかし、その後の彼の行動を理解するためには、この革命政府への協力という点については、いくらかの補足説明が必要である。

まず第一に、たしかに彼は、反革命的地域（スイス山岳地帯）の人々に向かって、革命政府への協力を、広報活動を通じて熱心に呼びかけることになるが、しかし彼は、その当初から、教育による民衆の道徳的な向上なくしては革命の成功はおぼつかない、という立場をとりつづけていた、ということである。

そして第二に、この民衆教育の先駆的・実験的な実践こそ、自分自身の本来果たすべき役割である、と、当時の彼が確信するに至っていた、ということである。

シュタンスの惨劇

発足直後の革命政府には、処理しなければならぬ難問が山積していた。しかも外国（オーストリア）からの支援を受ける反政府運動は、新政府の政策面、行政面での稚拙さということもあって、依然、きわめて強力かつ執拗であった。対抗上、政府は広報活動を一層強化する必要に迫られる。

週刊広報紙「ヘルヴェーチア国民新聞」の刊行計画が検討され、その実施が文相シュタッパーに委任されると、ペスタロッチとしては、それまでの経緯もあって、やはりこれに協力せざるをえない。八月一九日、彼は「ヘルヴェーチア国民新聞」の編集主任となることを承諾している。

「ヘルヴェーチア国民新聞」の第一号が発行されたのは、一七九八年九月八日の土曜日であった。ところがその翌日、九月九日の日曜日、アルプス山麓、ウンターヴァルデン州の主邑シュタンスで、

シュタンス

大変な惨劇が起こる。

ウンターヴァルデン州は、もともと反革命運動の拠点とみなされていた。カトリック教会を精神的な支柱とし、オーストリアの軍事援助を後盾とする反政府運動は、この頃、あからさまな武力抗争にまで発展していた。フランス軍による鎮圧の苛烈さは、九月九日のシュタンス事件においてその頂点に達したといってもよい。死者、約四〇〇名、焼失した住宅、三四〇戸、焼失した穀倉、二二八棟、小さな耕地のほかは、もっぱら牧畜と果樹園に依存して生活していたアルプス山麓の小都市にとっては、甚大な損害である。それに、当然ながら沢山の孤児や浮浪児をも生み出した。

孤児院の開設とペスタロッチの赴任

たとえ表面上であれ、混乱が沈静すれば、政府としては至急救済の手を差しのべなくてはならない。一一月一八日には、シュタンスに孤児院あるいは貧民学校を開設することが決定されている。

だが、その開設計画は最初から難航した。まず孤児院設置の場所について、地元の猛烈な反対があった。政府は強硬に反対を押し切り、カプチン派の女子修道院を指定する。さらに、この施設の管理者の人選もまた難問であった。地域の人々の信仰を考慮に入れるならば、カトリック教徒を選ぶのが常識である。しかし、適任の人物が得られない。

困り果てた政府は、ついにペスタロッチに白羽の矢を立てた。「今回だけは」シュタンスに行ってくれないか、という懇望である。ルグランやシュタッパーなど政府要路の人々は、シュタンスがペスタロッチの教育実験に適した場所ではないということを、十分に承知していた。だから、彼らの方も、きっと心苦しかったに違いない。

ペスタロッチは、すでに五二歳、大変な決断を要することであったに違いない。事の成否はもちろん大切であるが、それ以上に、生命の保障さえおぼつかない土地へ赴任するかどうかの判断である。妻も、友人たちも、こぞって反対であった。しかし、民衆を救うために、ぜひとも教育実験をしたい、そのためにはみずから教師になるしかない、というペスタロッチの決意は堅かった。彼は言っている。

「私は進んで出かけました。条件の悪い土地ではあるが、そのかわり人々は純朴であろう。また悲惨な経験をしただけに、感謝の念もそれだけ深いことであろう、と私は期待したのでした。生涯をかけた大きい夢にやっと着手できるのですから、私の感激は大変なものでした。それこそ、やらせて貰えるのなら、アルプスの頂上で、たとえ火も水も無かろうと、仕事を始めたのではないかと思われるほどの感激でした。」
教師ペスタロッチの人生が、こうして始まる。

六ヵ月の滞在期間

一七九八年一二月七日、ペスタロッチはシュタンスにやってきた。そして、翌年の六月九日にはシュタンスを退去している。だから彼のシュタンス滞在期間は、ちょうど六ヵ月だったと考えていい。

最初の子供がここに収容されたのは、施設の準備もまだ整っていなかった一七九九年一月一四日。その二日前に、彼は五三歳の誕生日を迎えている。子供の数は、数日のうちに約五〇名に達した。のちには、約八〇名の子供がここに収容されることになる。

ところが、それから約五ヵ月後の六月八日、政府委員チョッケの指令によって、この施設はフランス軍負傷兵のための病院に転用する目的で接収されることになった。フランス・オーストリア両軍の衝突の危機が迫っていたからである。そのため、どうしても行先のない二二名の子供たちを除いて、約六〇名の子供は施設から出されることになった。むろん、ペスタロッチは、チョッケのこの指令にひどく不満であったに違いない。施設を出ることになった子供たちひとりひとりに、ペスタロッチは、それぞれ二着の服と、若干のお金とを与え、そして、翌日、六月九日、みずからもまたシュタンスを去った。

気力も体力も尽き果てていた彼は、友人たちの世話で、その後約六週間、ベルン近郊の高原保養地グルニゲルで静養することになる。

このような経過をみると、ペスタロッチのシュタンス滞在は約六ヵ月であるが、彼の実際の教育活動は、五ヵ月にも満たない短期間であることがわかる。「シュタンス便り」は、このわずかの期間の彼の教育実践の報告であるが、のちにも述べるような理由で、それは歴史に残る実践記録となった。

実践記録「シュタンス便り」の価値

しかし、「シュタンス便り」の価値を、たんにそれが感動的な教育愛の物語、不屈の教育実践の記録である、という点にだけ求めるのでは、明らかに不十分である。

それはなぜか。ペスタロッチは、みずからの実践の一般化をつねに目ざしていたからである。彼が好んで「教育実験」という言葉を使ったのも、そのためである。この事実に注目しなければ、「シュタンス便り」は、ありふれた、どこにでもある普通の実践記録になってしまう。

それでは、彼の「教育実験」は、いったい何を目的として行われたのか。彼自身の言葉を聴いてみよう。

「われわれが教授手段を簡略化して、どの母親でも、他人の助けを借りることなしに、みずから教えることができ、そして、教えることによって同時に、つねにみずから学びつつ進歩できるようにするならば、私の目的の実現される時代が近づいてきます。」

つまり、教授手段の簡略化、これが彼の教育実験の究極の目的であった。しかし、彼はシュタンスで、この目的を達成することはできなかった。

それでは、シュタンスでの五ヵ月間は、いったい何であったのか。教育者ペスタロッチの生涯にとって、あるいは彼の思想形成の上で、ここでの努力は、いったいどんな意味をもっているのか。私は、次のように考えている。

第一に、シュタンスは、ペスタロッチと子供たちとの家庭的な共同生活の場であった。したがって、彼がノイホーフでの体験に基づいて『夕暮』のなかで述べた教育的な知見が、ここで受け継がれ、活用され、ある程度まで整理されている。そして、この知見は、シュタンスでの生活に即した道徳教育の実践において、もっともよく発揮されている。

第二に、しかしながら、産業と教育、労働と学習を結びつけようとするペスタロッチの意図は、シュタンスではほとんど実行できなかった。それは不必要であったし、また、不可能でもあった。というのは、この施設の経費は政府が負担していたから、子供たちは労働に従事して生活費を稼ぎ出す必要はなかったし、土地の産業に不案内なペスタロッチが、そのための指導などできるはずもなかったからである。

しかし、それが、教授手段の簡略化という彼の目的の追求のためには、かえって役立った。産業や労働の条件と切り離して、ひたすら教授手段の根本的な改革を工夫し、実験することのできる立場に彼を置くことになったからである。

第三に、ブルクドルフ以後のペスタロッチは、『ゲルトルート児童教育法』が人々に与えた印象の強さもあって、もっぱら教科教育法の改革家として評判をとる。その結果、皮肉なことではあるが、シュタンスにおいてすでにかなり明確に体系化されていた道徳教育の原理論や方法論は忘れられたまま、ペスタロッチ教授法における知育と徳育との分離が、やがて指摘されるようになる。

信仰の相違を超えて

最後に、私たちは、次のような「シュタンス便り」の結びの言葉にも注目しておきたい。「シュタンス便り」の最後に、彼はこう書いている。

「友よ、君は信じられますか。私は私の仕事に対する最大の誠意を、カプチン派の僧侶や、修道院の尼僧たちの間に見出したのです。ツルトマンを除いては、施設の事業に積極的な関心を寄せる人はありませんでした。私が最も多くの期待をかけた人々は、政治的な交渉や利害に余りにも没頭していて、こんな些事は、彼らの壮大な活躍舞台に比較すれば、ほとんどなんの意義ももちえなかったのです。

私の夢は、以上のようなものでありました。私がこの夢の実現にいまこそ近づいたと思ったとき、私はシュタンスを去らなければなりませんでした。」

シュタンス退去の際のペスタロッチの心境が、ここに率直に語られている。そして、シュタンスでは文字通り孤立無援だったに違いないペスタロッチを、その仕事の内容ゆえに、誠意をもって助けたのが、彼とは信仰を異にするカトリック系の僧侶や尼僧たちであったという、当時としては「信じられない」事実に、ペスタロッチがあえて言及していること、これもまた「シュタンス便り」の価値を考えるに当たって、私たちの記憶にとどめておいてもよいのではなかろうか。

かつてペスタロッチが働いた尼僧院の白い壁には、現在、ささやかな記念額が掲げられている。そこには次のように書かれている。

「ハインリッヒ＝ペスタロッチは、ここでニーダー＝ヴァルデンの孤児たちのために献身しながら、教育の新しい方法を見出した。」

『ゲルトルート児童教育法』

初めての学校での排斥運動　グルニゲルで数週間の静養生活を送ったペスタロッチは、できればもう一度シュタンスへ戻ろうと考えたようである。しかし、政府当局は、彼の希望を退け、ブルクドルフへの赴任を勧告した。

執政内閣が、ペスタロッチの赴任を公式に許可したのは、七月二三日であるが、月末には、彼はすでにブルクドルフで仕事を始めていたようである。グルニゲルでの静養期間中にさえ、「その景観の美しさよりも、誤って教育されている民衆のことを思っていた」と述懐している彼の執念からすれば、これは当然の行動であったかもしれない。

ブルクドルフは、首府ベルンの東北数里、エメ河畔に位置する小都市である。ペスタロッチの住居は、政府によって最初からブルクドルフ城内に与えられていたが、彼の実験の場として提供されたのは、ブルクドルフの下町に住む市域外住民（非市民）の子供たちのための学校であった。この学校の教師は、ザムエル＝ディスリといい、教師と靴職人を兼ねていた。職人が自分の住宅（仕事場）を教室として学校を開くということは、一八世紀のヨーロッパでは、ごく普通に見られたこと

ブルクドルフ城

であって、そのこと自体は、別に驚くには当たらない。

この学校で、ペスタロッチは、七三名の生徒の約半数を分担して教えた。しかし、やがて彼の授業についてのさまざまな悪評が流れ始める。その源は、どうもディスリ先生その人であったらしい。彼の周辺から、いつのまにか、ある程度は意図的に、広がっていった噂の中で、最も致命的だったのは、ペスタロッチの教室ではハイデルベルク教理問答書が教えられていない、つまり宗教教育が無視されている、という噂であった。

下町の住民たちは、怒り、結束してペスタロッチの排斥運動を展開する。ペスタロッチのパトロンである市の有力者たちに向かって、彼らは主張した。「俺たちの子供を、新しい教授理論の実験なんかに使ってもらいたくない。やりたいのなら、お前さんたち、市民の子供で実験をやってみたらどうだ」と、いうのである。まことにもっともな抗議であった。やむなく彼のパトロンたちは、山の手地区で、シュテーリ姉妹のうちの妹、マルガレーテ＝シュテーリ女史の経営していた、読み方、書き方学校へ彼を世話する。

この学校には、五～八歳の男児・女児、約二〇～二五名が在籍しており、ここでの学習をおえると、女児は、姉の方のシュテーリ女史の学校へ、男児は、男子のための学校へ、それぞれ進んで、さらに数年間、あるいはそれ以上にわたって、学ぶことができた。

ひら教員として

ここでペスタロッチは、また追い出されるのではないか、という不安な気持ちに駆られながら教壇に立ち、そのうえ、あれこれと学校の事務を処理したりして、朝の八時から夕方の七時まで、この半白の老人は、一所懸命に働いた。煩わしい校規や校則のもとで、ひら教員として、年若い管理者に頭に下げ、遠慮しいしい仕事をするなどということは、これまでの彼の人生にはなかったことであるし、それに、およそ彼の性格にも馴染《なじ》まぬことであった。しかし、自分の生涯の目的を追求するために、甘んじて彼は耐えた。とにもかくにも実験の場が与えられているということに、感謝しなければならない立場であったからである。

しかし、やがて彼の努力の報われる日が来た。彼がブルクドルフへ来てから八ヵ月後の一八〇〇年三月末、市の学務委員会は、彼の生徒が年次試験において優秀な成績を収めたことを認め、これは彼の教授方法が、従来のそれに比較して著しく卓越しているためである、と激賞した。こうして、すでに五四歳の彼の前にようやく新しい道が開け始める。

ここで、話を少しばかり以前に引き戻すことにする。

ブルクドルフで

革命政府の首脳部、とくにシュタッパーは、民衆教育の改革を進めるためには、まず教員養成制度の整備、つまり師範学校の設立が急務であると考えており、ペスタロッチに対しても、当初は、この点での協力を求めていたのである。しかし、みずから教育実験をしてみたい、というペスタロッチの熱意に押されて、これは断念した。その代わり、彼は、師範学校設立の必要を強調する官房書記ヨハン＝ルドルフ＝フィッシャーを、この目的のために、一七九九年の六月下旬、ブルクドルフに派遣した。

フィッシャーは、ブルクドルフに行き、城を拠点として、この地の学校改革を指導しながら、師範学校の設立に向けて準備を始めた。やがてそこへ、グルニゲルでの静養を終えたペスタロッチがやってきて、下町の学校で教育実験を開始する。それはさきにもふれたように、七月下旬、フィッシャーの着任後約一ヵ月のことである。

フィッシャーは、当時流行の汎愛派の巨匠、クリスチャン＝ザルツマンのシュネッペンタールの学校で学んだ。はじめ牧師になったが、教育への関心が強く、文部大臣シュタッパーのもとで働くことになった。このフィッシャーは、戦争と飢饉のためにひどい損害を受けていた各地の孤児・貧児を救済するための里親運動にも熱心で、ブルクドルフにおけるこの運動のリーダーであった。

ところで、アッペンツェル州のガイスから、里親に引き取られることになった貧困児童の引率者として、地区の牧師に推薦され、ブルクドルフにやってきた一人の青年がいた。名前をヘルマン＝

クリュージといい、やがてペスタロッチの重要な協力者の一人になる。

一八〇〇年一月二一日、男女児二八名を引率して、クリュージはガイスを出発した。ブルクドルフに到着したのは一月二六日である。

フィッシャーの計画していた里親運動は、かなり大規模なものであったらしい。二月初旬には、アッペンツェル地方からの第二部隊、五四名が出発している。その中に、当時一〇歳の少年、ヨハネス＝ラムザウアーがいた。彼もまた、のちにイヴェルドン学園の教師として活躍することになる。第三、第四の里子部隊も、やがて、これに続いて西部スイスに向かった。

フィッシャーの死

以上のような経過で、ブルクドルフでは、一八〇〇年の二月ごろから、フィッシャーとクリュージ、それにペスタロッチという、この三名の、それぞれの教育活動が、相互の理解と尊敬とに支えられて、展開されることになった。ペスタロッチは、シュテーリ女史（妹）の学校で、彼の教育実験の完成を、クリュージは、彼の引率してきた郷里の子供たち――その多くはすでに里親に引き取られていたが――の教育を、フィッシャーは、そのクリュージを指導しながら、彼の年来の計画である師範学校設立の準備を、というように、である。

しかし、残念ながらそれは長続きしなかった。三月二七日、執政政府は、シュタッパーの熱心な要請にもかかわらず、フィッシャーの師範学校設立計画案を却下する。極端な財政窮乏のためであ

三人の協力者　右からクリュージ、ブゥス、トーブラー

った。失望したフィッシャーは、ベルン大学の教壇に立つ道を選んで、ついにブルクドルフを去る。ペスタロッチの教授法が、ブルクドルフの市政府から輝かしい賞讃を博した（三月三一日）直後、四月二日のことである。しかも彼は、まもなく病に倒れ、六月にはその生涯を終える。三八歳、惜しまれる壮年の死であった。

広がる協力者の輪

フィッシャーがブルクドルフを去り、やがて死亡したことが、クリュージのペスタロッチへの依存を決定的なものとする。もともとクリュージは、ブルクドルフへ来てから、フィッシャーの指導を受けながらも、より多くペスタロッチの理論に魅了されていたからである。一八〇〇年の夏には、ブルクドルフ城内のペスタロッチの学校に通う中産市民の子供たちと、クリュージがフィッシャーから引き継いで預かることになったアッペンツェル出身の貧しい子供たちとが、いっしょの学校で学んでいた。二つの学校が合併したのである。もっとも生徒の大部分は中産市民の子供たちであった。こうしてクリュージは、ペスタロッチの教授法実験の最初の協力者となる。

やがて、クリュージの紹介で、やはりアッペンツェル出身のヨハン＝ゲオルク＝トーブラーが、続いてトーブラーに誘われて、ドイツのチュービンゲン出身のヨハン＝クリストフ＝ブゥスが仲間に加わる。ペスタロッチは、『ゲルトルート児童教育法』の第二信および第三信において、この三名の協力者たちを紹介し、彼らがどのようにして自分の理論を理解するようになったのか、その経過をかい摘《つま》んで説明している。しかし、それにしてもこの四名のグループは、第三者からみると、いささか奇妙な寄り合い所帯であった。

ハミ出し者の寄り合い所帯

リーダーのペスタロッチは、かつて小説家としての名声は得たが、夢想家で、実践的には無能の人、というもっぱらの評判であった。

クリュージは、貧しい商人の子、ガイスで教師に採用されたとき一八歳であったが、その頃彼は、ドイツ語の名詞は大文字で書き始める、という規則さえ知らなかった。まともな学校教育を受けていなかったからである。

トーブラーもまた、少年時代には正規の学校教育を受けていない。二〇歳を過ぎてから向学心を起こした彼は、バーゼルで家庭教師をしながら神学の勉強を始めていた。家庭教師として思うような成果を挙げえないために苦慮している彼のところへ、クリュージが訪れ、ペスタロッチのもとへ来るようにと勧誘した。トーブラーは、フィッシャーとの文通によって、すでにペスタロッチの方法についてある程度の理解と共感をもっていたので、クリュージの説明を聴くと、いよいよ確信を深め、ただちにペスタロッチの招きに応じた。と同時に、彼は、自分の弟分にあたる一人の若者をペスタロッチに紹介した。ブゥスという二四歳の青年である。

ブゥスは、南独ヴュルテムベルクのチュービンゲン出身、神学校の用務員の子である。環境に恵まれていたこともあって、三歳から学校に通い、ピアノや絵も習いながら、一三歳になった。資産をもたぬブゥスの両親は、授業料免除の特典を期待して、シュツットガルトの学芸アカデミー（教養大学）へ願書を提出したが、ヴュルテムベルク侯・学長カールによって、冷たく拒絶された。中・下層身分からの大学進学は認めないという緊急の文教政策に基づく決定である。それは折しも、一七八九年、フランス革命の年のことであった。

進学の希望を絶たれたブゥスは、権力の横暴に憤り、自暴自棄の生活を送ること数年、ようやく立ち直って、働きながら音楽教師への道を進むべくスイスに来た。そしてトーブラーと知り合うことになる。進学を断念してから、すでに一〇年の歳月が流れていた。

このようにみてくると、ペスタロッチのもとに集まった三名は、それぞれの事情に相違はあるにもせよ、すべて正規の学校教育からハミ出した、その意味では中途半端な人間たちであった。またフィッシャーとの人脈などから考えて、政治的には、ペスタロッチと同じく革命政府に期待を寄せる、現状批判派の人々であった、といってよいだろう。

この四名の、いささか奇妙な寄り合い所帯、ハミ出し者のカルテットが、世間の予想を裏切って、やがて見事な成果を挙げる。なお、やがてペスタロッチの重要な協力者の一人となるヨハネス＝ニーデラーが、このころすでにトーブラーと親交を結んでおり、ペスタロッチへの敬慕の情において共通していたことも、書き加えておこう。ニーデラーが、ペスタロッチの懇請に応え、牧師の職をなげうってブルクドルフにやってくるのは、一八〇三年七月のことである。

教育制度の友の会

ペスタロッチの実験が成功したことを聴き、喜んだシュタッパーは、六月初旬、ペスタロッチの教育事業の援助を目的とする「教育制度の友の会」という協会を設立した。この協会は、ペスタロッチの「メトーデ」について調査し、報告する任務を負う委員会を設けた。

この委員会は、一〇月一日、総会の席上、その調査報告を公表している。この報告書は、

1　子供の学習の進度が数倍早い。それは教師にではなく、教授法に原因がある。
2　この教授法は、直観から出発して自然に抽象概念へ導くところにその本質がある。
3　教師は、子供の同輩のように存在し、活動し、生活しており、むしろ子供から学んでいるようにさえ見える。

ことなどを指摘しており、この報告に基づいて「教育制度の友の会」は、政府にペスタロッチへの

援助を要請した。政府は、これを受け入れて、ペスタロッチに五〇〇フランの手当を贈っている。一〇月二四日、ペスタロッチは、中産階級の子供たちのための学校と、これに付属する師範学校の開設計画を公表した。一一月二〇日付の「教育制度の友の会」の寄付勧誘状には、これに加えて、貧児のための教育施設の開設も約束されている。財政上の不安は残っていたにもせよ、多くの人々に支えられて、明るい展望が開けてきたことは間違いない。

「いまこそ民衆教育についてのあなたの考えを発表すべきです」と、人々は言う。ペスタロッチは、この期待に応えるべく新しい著作の構想を練り始めた。

一四通の書簡　『ゲルトルート児童教育法』、正しくは「ゲルトルートの子供の教え方」は、友人ゲスナーに宛てた一四通の書簡という形式をとっている。ハインリッヒ＝ゲスナーは、スイスの革命運動の支持者で、出版社長。「シュタンス便り」の冒頭で、彼が「友よ」と呼びかけているのも、やはりゲスナーに対してであった、と推定されている。

『ゲルトルート児童教育法』

手紙の日付は、一八〇一年一月一日、つまり一九世紀の幕開けの日から始まっており、刊行は、同年一〇月であった。

出版社長として、当然ながらベストセラーを狙うゲスナーは、この本の書名を、「ゲルトルートの子供の教え方」とし、「母親たちに、自分の子供たちを自分で教育するための手引きを、ハインリッヒ＝ペスタロッチの手紙によって、与えるひとつの試み」という副題をつけた。いうまでもなく、『リーンハルトとゲルトルート』のヒロイン、ゲルトルートの名前を借りることによって、この著作を強く人々に印象づけようとしたためである。ペスタロッチは、この命名に不満だったらしい。題名が本の内容と一致しない、と考えたためのようである。

一四通の書簡とはいっても、各書簡の長さは、様々であって、第三信まででですでに全体の約三分の一が費やされており、これに反して最後の三通は、あわせて全体の八パーセントにも満たない。量だけから内容の重点を決めることは、もちろん簡単にはできないが、この書物の特色が、量においても全体のほぼ半分を占める第四信から第一一信まで、つまり知識の陶冶を扱った部分にあることは、実際の内容に照らしてみても間違いない。

ペスタロッチが、この書物の約半分を知的陶冶の方法論のために充てたということは、彼が道徳・宗教の陶冶や技能の陶冶を軽視していたためでは勿論ない。しかし、彼がもっとも急いだのは、やはり知的陶冶の方法論の体系化であった。彼に対する周囲からの期待もまた、まさにそこに向けられていたからである。

とはいえ、この書物を熟読すれば、ペスタロッチが、人間陶冶の三領域について、とりわけその相互関係について、当時からすでに深く洞察していたことが察知できるはずである。

事実、ペスタロッチは、知的陶冶が、心情の陶冶を前提とし、基礎とすべきことを強調している。また彼は、技能が徳の感性的基礎である、ことも明言している。さらに彼は、社会認識における言語の役割を指摘することによって、彼のいう道徳性の陶冶が、決して無方向のものではなく、抑圧されてきた人民の解放に向けてのものであることを証言している。ペスタロッチは、このような全体的構想のなかで、人間の認識能力の基礎的陶冶のための「術」の法則を、ここでは主として考えようとしているのである。

歴史的な価値

この書物の価値を、私はおよそ次のように整理することができると考えている。

(1)　すでに述べたように、シュタンス以来のペスタロッチの課題は、教育の仕事を平凡な普通の母親たちの手に渡せるように、教授法を単純化ないし簡略化する、ということであった。それは、社会の底辺で、泥沼のような生活に耐えている民衆を救うためであった。彼は、初めそれを政治の課題であると考えていた。しかし、民衆を本当の意味で救い、人間らしい幸福な生活に導くためには、政治の改革だけでは足りない。そこには教育でなければできない仕事がある。そして、この教育の改革を抜きにして、民衆の幸福を保証する政治制度が存続できるはずはない。ペスタロッチは、そう信じていた。

(2)　ペスタロッチにとって、その批判の直接の対象は、なによりもまず、啓蒙主義的な知識観・教養観と、これに癒着する汎愛派の教授理論であった。直観に基づかない空虚な概念の体系、つまり内容のない言葉だけの知識、そういうものは、民衆を不幸にするだけで、とうてい真実の学力とはいえない、と彼は考える。

(3) ペスタロッチの教授理論の直接の目的は、なによりもまず、民衆の子供たちに直観に基づく適切な概念内容（言語）を与えることであった。分かり易くいえば、自分の周囲の世界を正しく（学問的に）認識する手段を与えることであった。彼の教授理論の課題としては、それは、さしあたり、子供にとって易しく、しかも正しい自然認識の方法を学ばせることであった、と言ってもいい。

直観の三要素として、ペスタロッチが、形、数、語（名称）の三要素を挙げているのは、この目的のため、つまり、子供にとって易しく、しかも正しい自然認識の手段、としてであった。この場合、「子供にとって易しい」とは、子供の認識の仕組みに適合している、という意味であり、また「正しい」とは、学問的にみて正しい、という意味である。そして、当時の自然認識のための学問といえば、分類学的な自然研究の成果をおいて他にはない。彼が「子供の直観を整理する」というとき、それは間違いなく自然界の分類学的な整理を意味していた。だからこそ、形、数、語（名称）に彼は注目したのであり、この基礎を押さえることができれば、最高の学問の世界にまで子供を導くことができる、とも言い切ったのである。

(4) しかし、子供の周囲の世界は、自然界だけではない。子供は自然界を直観し、認識すると同時に、人間の社会（道徳や宗教の世界）をも直観し、認識する必要がある。だが、私たちが良く知っている通り、当時はまだ社会認識のための学問的な手段が存在しなかった。社会や人間についての鋭い観察や洞察はあったにもせよ、社会問題の解決は、複雑な利害の錯綜する環境改善策の検討よりは、もっぱら人間の道徳の問題に、つまり人間の情念や感情の統制（心構え）の問題に置き換えられてきたのである。ペスタロッチは、この点についてルソーの英知から、多くのことを学んだ。

(5)　ペスタロッチは、「技能は徳の感性的な基礎である」ということによって、自然の事物や事実の必然性（法則）を学び、これにしたがうこと、つまり技能を的確に行使すること、が人間の道徳性の基礎を養うことを認めた。また、彼は、人間は困窮状態（自分にとって本質的に必要な事物や人間が欠如している状態）において、事物相互の、および人間相互の本質的な関係を認識できる、と指摘することによって、社会や人間についての感性的および理性的な認識能力、したがって道徳的に判断し、行為する能力、の基礎が形成されることを明らかにした。

(6)　しかし、自然認識が言語によって整理されているのと同じような意味では、人間認識や社会認識は言語化されていない。あるいはむしろ、言語化できない。この場合、私たちは感情をこめて言語を用いるからである。ペスタロッチは、子供が厳密に定義された、明晰な言語（概念）を用いることを求めた。それなしには子供の直観が、事物や事物の「曖昧な直観」、に止まるからである。もし言語に感情をこめれば、その言語は論理的な厳密性を失い、明晰さに欠ける、曖昧なものとならざるを得ない。

(7) しかし、人間は、もともと言語に感情をこめて用いてきたのではないか。人間の言語は対象を明確に認識するための道具であったと同時に、人間相互の共感を確かめ合う手段でもあったのではないか。ペスタロッチは、このことを見逃しはしなかった。彼は「呼吸する」、「開発する」などという言葉に、人間がどんな感情をこめて用いてきたかを説明する。すなわち、「呼吸する」という言葉には、暴君の荒い呼吸のもとで苦しむ人民の解放の願いが、「開発する」という言葉には、私有地の不当な使用によって人々の間に生じつつある根強い不公平感がそれぞれこめられてきたことを指摘する。彼はこうして、人間の社会における言語の役割の、別の側面を明らかにした。そして、この側面についての教授法を示さないかぎり、自分の言語教授法は完成したとはいえない。とまで彼は考えていたようである。しかし、この課題を彼は達成できなかった。社会認識のための体系的な言語がまだ存在していなかった、という事情からみて、これはやむをえなかったというべきであろう。

残された課題

このことは、しかし、彼の教育論が道徳教育論としてはあきたらないものという印象を人々に与える、ひとつの大きい原因となった。なるほど彼は、道徳的感情を呼び覚まし、これに働きかける、とはいうが、それは情念や感情の統制を教えこむ昔ながらの道徳教育論とは異質のものであった。それに彼がいうところの道徳的な感情や知見は、上述の二つの用語解釈からも推察できるように、明らかに革命派の色彩を帯びていた。

そのため『ゲルトルート児童教育法』が評判になればなるほど、そこでの道徳・宗教教育の軽視が、批判者たちの絶好の標的になった。革命後の、保守的、復古的な雰囲気の強まっていくなかで、ペスタロッチは、「メトーデ」の原理が、道徳・宗教教育とは矛盾しないことを、人々に理解させるための苦しい努力を強いられることになる。

イヴェルドン学園

政治情勢の変化とブルクドルフ城の学校　革命政府（ヘルヴェーチア共和国）は、中央集権的な国民国家の樹立を目ざして努力はしてきたものの、財政は極度に悪化して、国内の対立は激化するばかりであった。一八〇二年七月、新憲法が採択され、フランス軍が撤退すると、スイスはたちまち混乱状態に陥った。亡命を余儀なくされた共和国政府は、ついにフランス統領政府（第一統領ナポレオン）の調停を求めた。

ナポレオンは、同年一二月、スイスが採択すべき新憲法について民意を問うための諮問会議を召集する。争点は、結局のところ、中央集権的な統一政府を選ぶか、それとも復古的な連邦主義政府を採るか、の選択であった。ペスタロッチは、統一派から代表団の一人に推されてパリに出掛けた。しかし、ナポレオンは、数においてはるかに優勢であった統一派の意見を無視して、連邦主義的憲法の採択を指令する。その結果、一八〇三年三月には、スイスの一九州が独立、共和国統一政府は、その命脈を絶たれ、保守的、貴族主義的連邦政府が復活することになる。そして、このような政治情勢の変化は、たちまちペスタロッチと、彼の学校の運命に直接的な影響を及ぼした。

すでに一八〇一年早々から、予告されたブルクドルフ城内の学校の授業は開始されていた。期待したほどには寄付金は集まらず、ペスタロッチ個人の資産と政府の援助に頼るしかない心細い発足ではあったが、新教・旧教双方の生徒に礼拝の自由を認めたり、授業料を納入できない貧児を優先的に入学させたりするペスタロッチの方針にしたがって、ともかく学校は教育活動を始めたのである。

入学を許可された第一号の生徒は、里子としてブルクドルフに連れてこられた、無月謝生ラムザウアーであった。ラムザウアーは、のちにイヴェルドンの学校の教師となり、恩師ペスタロッチを支えることになる。彼は、その回想記の中で、食卓係のボーイとして、行楽に出掛ける学友を送り出したあと、台所で涙を浮かべながら働いた少年の日の思い出を、懐かしく語っている。クリュージやネーフは、当時の彼にとって、とりわけ素晴らしい先生だったようである。

一八〇二年六月に提出された政府派遣調査団の「ペスタロッチの学校に関する公式報告書」によると、当時五～一八歳の生徒約八〇名が在学しており、そのうち給費生は一二名であった。

しかし、一八〇三年三月一〇日、さきにも述べたナポレオンの、いわゆる仲裁裁定が発効し、学校に対する共和国中央政府からの一切の援助は消えた。ブルクドルフ城も、中央政府からベルン州政府に移管された。その結果、ペスタロッチと彼の学校は、州政府の指示により、翌年の六月下旬、ブルクドルフ城を離れ、ミュンヘンブッフゼーのヨハネ騎士修道院にその本部を移さざるを得なくなった。一年間だけは無料で、という条件ではあったが、その後の更新の保証は曖昧で、かなり冷淡な処置のように思われる。

学園の打撃と国際的評価

ベルン州政府は、ペスタロッチと彼の学園に対して、それほど好意的ではなかったが、ヴォー州のように積極的に援助を申し出るところもあった。なかでもイヴェルドン市は、一八〇四年二月、学園を引き受ける用意がある、と言明し、ペスタロッチの方でも、その熱意に動かされて、ここに第二の学園を開設することを約束した。実際、この年八月末に、ペスタロッチはイヴェルドンの城で——大修理が必要であったにもせよ——小規模の学校を始めている。ブッフゼーの学校が授業を開始したのは、七月中旬であるから、ほとんど並行しての発足とみなしてよい。

『ゲルトルート児童教育法』が刊行された影響もあって、一八〇二年から〇三年、〇四年とブルクドルフの学校を訪問する人々が相次いだ。ここの教師になることを目ざしてやってくる若者たちも少なくなかった。

ベルリンにペスタロッチ主義の学校を開いて好評を得たヨーハン＝エルンスト＝プラマン、フレーベルやディスターヴェークに教職の道を決意させたことで知られるゴットリープ＝アントン＝グルーナー、ヨハネス＝フォン＝ムラルト、ヨハネス＝ニーデラーなど、やがて学園にとって重要な存在となる人々がブルクドルフにやってきたのは、いずれも一八〇三年、チロルの羊飼いの子で、ほとんど初等教育も受けないままブルクドルフの学校にきた少年ヨゼフ＝シュミットが、その数理的才能でたちまち頭角を現し、助教師に採用されるのも一八〇三年のことである。

このようにみてくると、一八〇三年という年は、ナポレオンの仲裁裁定によって学園が打撃を被ったことは否定できないにもせよ、学園の国際的な評価は、いやが上にも高まっていた、といって差支えない。


ミュンヘンブッフゼーへの移転　ブッフゼー移転後の学園は、中央政府からの援助もなく、施設の無料貸与も一年間ごとの年次更新という条件で、その財政は格段に切迫したものとなるであろうことが予想された。それを気遣ったムラルトやトーブラーが、ブッフゼーに近いヴィルホーフで好評の学園を経営していたフィリップ＝エマヌエル＝フォン＝フェレンベルクに、施設の経済的な管理を委任しようとしたのは、彼らの不安を解消し、尊敬するペスタロッチとともに教育研究に専念するための条件作りとして、まことに無理からぬ算段であったように思われる。ペスタロッチも、当初はこの方針に乗り気だった。一八〇四年七月二七日、契約は成立する。

フェレンベルクの管理のもとにおかれたペスタロッチの学校の規模は、六学級、生徒数六七名であった。教師は、ムラルト、トーブラー、ニーデラー、シュミットなど七名、ほかにラムザウアーなど数名の助教師がいた。教科担任制度が基本であることを計算にいれても、比較的恵まれた条件の学校であったとみなしてよい。

しかし、貴族フェレンベルクは、身分制秩序を重んずる人間であり、学校も、それぞれの身分相応に別個に組織することを当然としていた。これに対してペスタロッチは、子供たちは学校で、貧富にかかわらず、人間として共通の教育を受けるべきである、という立場をとっていた。これは学校観の基本的な相違である。双方がなんの努力もしなかった、というわけではないが、一年も経たぬうちに契約は破棄される。

すでに、一八〇四年一一月ごろから、ペスタロッチは、ほとんどイヴェルドンを本拠とするようになった。翌年の七月初旬には、それまでなお残留していた彼の学校の教師や生徒たちも、すべてブッフゼーから引き上げ、イヴェルドンに再結集する。

イヴェルドンの幸福な五年間

イヴェルドンで活動を再開してからの五年間、つまり一八〇五年から一八〇九年までの五年間は、学園にとってもっとも幸福な時期であったように思われる。ヴォー州政府も、イヴェルドンの市当局も、積極的にペスタロッチの事業を支援してくれた。「メトーデ」の評判は国際的なものとなり、名士の訪問、名門の子弟の入学、研修目的での教師の長期留学などが相次いだ。生徒数も、一八〇九年には、一六六名に達したと記録されている。そのうち

イヴェルドン

の七八名がスイス人だったというから、学園の名声は、むしろ国外において高かった、というべきかもしれない。いずれにせよ、学園の最盛期には、ペスタロッチの家族と教師たち、寄宿生、使用人、それに研修留学中の教師や、市内からの通学生などを加えると、総勢二百数十名の共同生活が、イヴェルドン城内で営まれていたことになる。

人々の期待に応えるためには、「メトーデ」を補強し、より完全なものとして、その成果を実証して見せる必要があった。ペスタロッチも、教師たちも、一所懸命の努力を続けた。イヴェルドンの市政府もまた、きわめて好意的に、この努力を見守っていた。

生徒たちは、終日、親とかわらぬ教師たちの配慮のもとで、生活し、勉強し、遊び、そして眠った。年少の生徒たちの中には、ペスタロッチに出会ったとき、彼が頭を撫でながら、家族のことなども優しくたずねてくれた嬉しい経験をもつ者も少なくない。のちに有名な『ペスタロッチ伝』の著者となったロージェ＝ドゥ＝ガン――イヴェルドンの名門の子――も、そんな思い出を懐かしむ一人である。

二つの課題

「メトーデ」を補強するために、まずもって必要とされたのは、第一に、『ゲルトルート児童教育法』で展開された知的教授の基本原理の具体化としての教科書あるいは教授法書の刊行であり、第二に、『ゲルトルート児童教育法』における知育偏重、徳育・信仰の軽視という批判に答えることであった。ペスタロッチは、第一の課題については、彼の教師団との共同作業によってこれと取り組み、より重要と思われた第二の課題については、さしあたり彼自身が、みずからこれを果たそうとした。

まず、第二の課題への取り組みについて述べることにしよう。彼は、『ゲルトルート』の続編――ゲスナーに宛てた八通の書簡――において、「メトーデ」に即した道徳的、宗教的陶冶の在り方、とくにそこでの母親の役割の重要性について述べている。しかし、この論文は、彼の存命中には、刊行されなかった。

一八〇五年の春から夏にかけて、つまりイヴェルドン学園が本格的な活動を開始する頃から、ペスタロッチは、「メトーデ」を広く普及させる目的で、執筆活動と並行して、社会的な働きかけを計画的に始めている。その一つが、「スイス教育会」設立の呼びかけである。これが実現するのは、一八〇八年一〇月。レンツブルクで開催されたその設立総会において、ペスタロッチは、初代会長に推された。第二回大会は、一八〇九年八月、やはりレンツブルクで開かれたが、ここで彼は、「基礎陶冶の理念」について講演する。「メトーデ」が反キリスト教的であるという世間の批判に答えることを主要な目的として行われたもので、これがいわゆる「レンツブルク講演」である。

いまひとつ、「週報」刊行（一八〇七～一二）にもふれておく必要がある。「週報」は、「メトーデ」の理論を実践的に具体化し、これによって一層「メトーデ」の普及を計ろうとして、創刊されたものである。編集はニーデラーに委任された。

「週報」には、さきにも言及した「シュタンス便り」のようなペスタロッチ自身の論文や、学園の教師たちの実践報告とか論文などが掲載されたが、ペスタロッチの名前で実際には教師団のうちの誰かが執筆していたり、また、『隠者の夕暮』や「基礎陶冶の理念」（レンツブルクの講演）のように、ペスタロッチの論文や草稿にニーデラーが手を加えて活字化したものもある。残念ながら、「週報」は、一般に不人気であった。編集者ニーデラーが、もっぱら理論的な検討を重視して、「メトーデ」の具体的な実践活動の紹介を怠ったため、といわれている。それにナポレオン戦争の混乱期でもあった。発行はやがて不定期となり、ついに廃刊（一八一一）のやむなきに至る。

さて、第一の課題については、すでに一八〇一年に、「綴り字と読み方教授指導書」が刊行されているが、一八〇三年には、「直観のＡＢＣ――量的関係の直観教授」、同じく「数的関係の直観教授」、それから〈子供に、観察したり、語ったりすることを教える母親のための指導〉という副題をもつ「母の書」などが刊行されている。しかし、残念ながらこれらの共同の労作の評判は、それほど芳しいものではなかった。とくに、主としてはクリュージの仕事だった「母の書」については、平板で退屈な本というきびしい批判が多かった。使用法についての説明が欠けていたからである。ペスタロッチは、その改善を約束したが、結局、それは実行されなかった。ただ、算数教授におけるシュミットの活躍が人々の注目をひき、学園の評価を高めるのに役立った。

あとでまたふれることになるが、イヴェルドン学園での、その後の教師団の仕事について、いくらか大胆な整理をすることが許されるならば、第一の課題を積極的に担ったのがシュミットであり、第二の課題を進んで引き受けたのがニーデラーであった、ということができる。そしてこの両者の対立が、やがて学園を破滅に導くことになる。

「メトーデ」の評判と汎愛派の人々

さまざまな批判はあったにもせよ、「メトーデ」の評判、したがってイヴェルドン学園の名声は、全ヨーロッパに広まった。とくにドイツの諸領邦、なかでもプロイセンやザクセン、とくにプロイセンは、「メトーデ」の導入に積極的で、一八〇九年から約二〇名の青年教師を、長期研修の目的でイヴェルドンに派遣している。しかし、その反面、ドイツの教養階層の間での「メトーデ」に対する評価は、フランクフルトの教育熱心な一部の上層市民を除いて、一般に低調であった。

ところで、ドイツの教養階層のペスタロッチ主義に対する反応の仕方について考察する場合には、汎愛派の存在とその影響力を、どうしても考慮に含める必要がある。

ゲーテは、当時フランクフルトでも高名だった教育家バゼドウと、ペスタロッチの敬愛する友人の一人で、チューリッヒ出身の牧師にして詩人のヨハン＝コンラート＝ラファーターの二人、性格においても、思想においてもまったく異質なこの二人と、時には激論を戦わせながら一緒に旅行した若き日の思い出を、懐かしく語っており（『詩と真実』、第一四章）、カントは、一七七六／七七年の冬学期、ケーニヒスベルク大学において初めて教育学の講義を担当したとき、バゼドウの「方法書」（一七七〇）をテキストとして指定している。トラップは、ハレ大学でプロイセン最初の教育学の教授に任命された（一七七九〜八二）人物であり、カンペが、汎愛学園の教師に招かれる以前の数年間、名門フンボルト家の兄弟を教えていたこと、これもまた周知の事実である。

それにザルツマンが開設（一七八四）したシュネッペンタールの学校は、彼の啓蒙的な教育書『蟹の小本』（一七八〇）、『コンラート・キーファー』（一七九六）、『蟻の小本』（一八〇六）などとともに、汎愛派の名声を著しく高めた。ペスタロッチのよき理解者だった地理学者カール＝リッターも、六歳のとき、家庭教師J・C・F・グーツムーツに伴われてシュネッペンタールに入学している（一七八五）。グーツムーツは、ハレ大学でトラップの講義を聴き、バゼドウの著作などにも触発されて汎愛派の教育理想に開眼、託されていたリッター家の兄弟を伴ってシュネッペンタールを訪れたのであるが、ザルツマンに認められてそのまま教師としてここに留まり、一八三七年まで教鞭をとった。ブルクドルフでのペスタロッチのパトロン、スイス革命政府の官房書記フィッシャーが、シュネッペンタールの学校に学んだ人物であるということについては、すでに述べた通りである。

このように汎愛派に属する人々の活動の、ほんの一端をみただけでも、ペスタロッチが小説家として、ついで教育家として、登場してきた当時のヨーロッパの教養社会において、汎愛派の占めていた位置の重さや大きさというものが、ある程度まで推定できる。ペスタロッチもまた、そのことを十分に意識し、自覚していた。

名門の子弟たち

「メトーデ」を、下層の民衆子弟のためのものとみなし、これを敬遠しようとした教養社会一般の風潮に対して、「メトーデ」の価値を認め、子供の教育をイヴェルドン学園に託そうとした人々が、ドイツやフランスその他の国々の上流社会に存在したことも忘れてはならない。

地理学者カール＝リッターは、さきにもふれたように、かつて家庭教師グーツムーツに伴われてザルツマンの汎愛学園に学んだ。その彼が、一八〇七年九月、こんどは彼自身が家庭教師として委託されていたフランクフルトの名門ベートマン＝ホルヴェーク家の子供二名と、その母親を伴って、イヴェルドンの学園を訪れ、約一週間ここに滞在している。そして「メトーデ」に対する彼の感動を、恩師グーツムーツやザルツマンに報告した。リッターは、その二年後、一八〇九年一〇月に再びイヴェルドンを訪問し、旧交を温めている。

夫妻ともにゲーテと親交のあったフランクフルトの銀行家で上院議員フォン＝ウィレマー家の家庭教師、神学者ヨハン＝エリアス＝ミークは、ウィレマーの息子ブラーミー（一二歳）を伴ってイヴェルドンに来た。そして、一八〇七年七月から一〇年九月まで、ブラーミーをここの学園生活に参加させながら、みずからもまた学園の教師としてペスタロッチのもとで働いた。ウィレマー夫妻も、二度にわたって、はるばるイヴェルドンを訪問し、ペスタロッチ夫妻と親交を結んでいる。

マイニンゲンの高級官僚の息子、ウィルヘルム＝フォン＝チュルクは、イエナで法律を学び、ノイーシュトレリッツの宮廷で要職についたが、教育行政を担当したとき、ペスタロッチの思想と事業を知り、一八〇四年の夏、ミュンヘンブッフゼーの学校を訪問、いったん帰郷して学校経営を始めたが、ペスタロッチへの敬慕の情やみ難く、一八〇八年五月、家族と数名の生徒を伴って、イヴェルドンに来た。

ヨハネス＝フォン＝ムラルトは、チューリッヒとハレで神学や哲学を学んだ後、一八〇二年五月からパリに遊学、シュレーゲル兄弟、とくに弟シュレーゲル夫妻、フランスのかつての大蔵大臣ネッカーの娘、スタール夫人などと知り合い、とくにスタール夫人からは同家の家庭教師となるように求められた。しかし、『ゲルトルート児童教育法』を読んで感動していた彼は、たまたまその頃パリに滞在中の著者ペスタロッチと会い、彼の学校へ来るように勧められて、真剣に考え抜いた結果、一八〇三年五月、ついにブルクドルフへ赴いた。以来、ミュンヘンブッフゼーからイヴェルドンと、一八一〇年まで、彼はここでフランス語と宗教を教え、最も評判のよい教師の一人として学園を支えた。一八〇八年には、スタール夫人がみずからイヴェルドン学園を訪問し、その感動を書き残しているという事実も、付け加えておこう。

フランス陸軍の高官であり、熱心な教育改革論者でもあったマルク＝アントアン＝ジュリアンも、ペスタロッチの事業を評価し、一八一一年以来、三人の子供をイヴェルドン学園に託した。ジュリアンは、ペスタロッチ教育論の本質についての著書を出版（一八一二）したばかりでなく、一八一四年以降は、学園の経営を建て直すために助言したり、フェレンベルクとの協力協定を斡旋したりもしている。

さらに、教育史のうえでどうしても見落とすことのできないのが、フレーベルのイヴェルドン滞在である。

フレーベルは、一八〇五年の夏、フランクフルトにおいて、創設直後のグルーナーの学校で教師となることを勧められ、そこで初めてペスタロッチの仕事を知った。

フレーベルは、ただちにイヴェルドンへ出掛けて、ペスタロッチに会い、励まされて帰国したが、一八〇八年九月には、家庭教師として託されていたフォン＝ホルツハウゼン家の三人の子供を伴って、再びイヴェルドンに赴き、一八一〇年までここに滞在する。

模範学校の総本山

イヴェルドン学園への期待は、大きく二つに分けることができる。その一つは、上に述べたような名門の子弟たちの場合である。彼らは、家庭教師に伴われてイヴェルドンへやってきた。むろん相当期間の滞在を覚悟してのことである。これは「メトーデ」に対する、親たちのいわば個人的な期待であった、といってよいだろう。

しかし、そのほかに、ヨーロッパの各地から、多くの教師たちが、一人の教師として自発的に、あるいは政府の命令を受けて義務的に、「メトーデ」を学び、教師としての腕を磨くためにイヴェルドンへやってきた。これらの人々は、帰国後ただちに、それぞれの郷里でペスタロッチ主義の模範学校を開いた。ベルリンのプラマンの学校、ウィースバーデンのドゥ＝ラスペ（彼は貧しい左官屋の徒弟出身であった）の学校などは、その中でも格別高い評価を得たようである。ビスマルクは、その少年時代にプラマンの学校で学んでおり、またゲーテは、再度にわたってドゥ＝ラスペの学校を訪問している。若きディスターヴェークも、グルーナーとドゥ＝ラスペによってペスタロッチ主義教育に開眼した。プロイセンやデンマークなどの政府によってイヴェルドンに派遣された教師たちが、それぞれの祖国で模範学校を指導したことは、よく知られている通りである。

これらの事実が示しているように、イヴェルドンの学校には、当時のヨーロッパの模範学校の、いわば総本山的な存在としての期待がかけられていたのである。

そして各地に普及したこれらペスタロッチ主義の模範学校は、さしあたり教師の養成ないし教師の現職教育の機能をも、副次的に担ったが、やがて国民的な教育制度の形成が進み、そのために大量の教師が急速に求められるようになると、計画的な教師養成学校の付属実習学校にこの機能を譲り渡し、やがて歴史の舞台からは消えていくことになる。徒弟的な教師養成方式では、もはや間に合わない時代が始まろうとしていたのである。

ついでながら、「学制」にいうところの「師範学校」とは、模範学校、つまりその他の学校の手本という意味の名称の名残りであって、決して児童・生徒のお手本となれるような人間をつくるという意味での「師範（教師）学校」ではなかった。それは Normal School がもともと L'ecole normale, Normalschule, Musterschule などと同じく教授法の基準ないし模範を示す学校という意味で、そのように呼ばれていた歴史を、訳語として受け継いだ呼称にすぎないのである。

学園の危機の表面化

さまざまの危機的要素をはらみながらも、一八〇九年までは、イヴェルドン学園は外面的には安泰で、模範学校の総本山としての権威を保つことができた。しかし、一八一〇年には、危機が一挙に表面化する。そして、根本的な修復ができないまま、学園は崩壊への道を辿ることになる。

よく知られているように、ヨハネス＝ニーデラーとヨゼフ＝シュミットの主導権争いが学園に危機を生じさせたのである。そして、この主導権争いの背後には、学園の在り方をめぐっての基本的な理念の対立があった。「メトーデ」の理論としての完成にまず力をいれるべきであるとする、壮年三一歳の燃える理想主義者ニーデラーと、「メトーデ」の具体化による教育成果の一層の向上に努力すべきであるとする、二三歳の青年ながら冷徹な現実主義者シュミットが、この二つの立場を代表していたのである。

しかし、学園の崩壊を、シュミットとニーデラーとの主導権争いという角度だけから考察するのでは、学園の歴史的な役割を十分に説明することはできないであろう。そのことを念頭に置きながら、ペスタロッチの晩年について、次章でふれることにしたい。

Ⅳ　晩年のペスタロッチ

理想と現実と

当時のイヴェルドン学園での生活や教育の実情は、いったいどのようなものであったか。

学園の実情

それを知るための手掛かりは、沢山に残されている。公的な視察報告書の類もあれば、この学園で生徒として、あるいは教師として実際に生活した人々の体験に基づく報告、いわば追憶の記録もある。一八〇六年のヴォー州政府の委員会による学園調査報告、一八〇九年のスイス連邦政府の委員会による学園調査報告などは、前者の例であり、ラムザウアーの『私の教育的生涯の素描』（一八三八）、ドゥ＝ガンの『ペスタロッチ伝』（一八七四）などは、後者の代表的な事例とみなしてよいであろう。

一八〇六年のヴォー州政府委員会による学校の視察は、学園側からの申請に基づいて行われたものである。すでに述べたように、ヴォー州政府はペスタロッチの学校のために、積極的にイヴェルドン城を提供したほど、当初から好意的であった。ペスタロッチも、この好意に応えるため、「メトーデ」がヴォー州政府の学校で一般に採用されるに値するものであることを、専門家によって確認してもらうことを望んだ。視察の希望は、一八〇五年の年末、つまりイヴェルドンで本格的な教育活動が開始されてから約一年後に、学園側から政府当局に申し出られ、委員会の視察は翌年早々、五日間にわたって行われた。

この報告書によれば、

イヴェルドン城は、十分に広く、清潔かつ健康的で、沢山の教師や生徒のための申し分ない学習環境として整備されている

年齢七歳から一二歳までの児童七〇名がここで生活しており、ほかに約二〇名のイヴェルドン市内からの通学生がいる

「メトーデ」を学ぶ目的で、スイス国内および国外からやってきた多数の青年教師がここに滞在している

八名の教師が、ペスタロッチの指導と助言のもとで、生徒と寝食をともにしながら生活指導と学習指導にあたっているが、この学園の雰囲気は、あたかもひとつの家族の如くであり、また、その学習の状況はさながら遊戯を楽しむかのようである

教師たちは、毎日、生徒の就寝後に集まり、生徒についての情報を交換したり、「メトーデ」の改善についての研究成果を報告しあったりするが、毎週土曜日には、これを再検討した上で、記録に残している

「メトーデ」は、子供の認識の機制に応じて、教材を選択し、配列しているので、子供は楽しく、速やかに、また確実に、明晰な概念と、体系的な知識を学ぶことができる、……など、当時の学園の状況を、具体的に、かつ好意的に伝えている。

ニーデラー

柩前の講演とニーデラー

しかし、一八〇八年一月一日に行われた彼の新年講演は、まことに異様なものであったらしい。礼拝堂に運ばせた柩と頭蓋骨を傍らにして、ペスタロッチは、自分の死期は近い、と言い、学園の仕事が、神の庇護のお陰で奇跡的な成果を挙げてきたにもかかわらず、それを自分の力によるものと思い違いしていた誤りを、きびしく反省する。

しかし、表面的にはもっぱら自分の無能のみを責めているように見えながら、じつは教師たちの自負や奢《おご》り、名声への甘えなどを暗に戒めている、そんなニュアンスもまた、この講演からたしかに読み取ることができる。ニーデラーとシュミット、彼の両腕と呼んでもいいこの二人の対立が、学園に致命的な不幸をもたらすかもしれない、という予感が、ペスタロッチにまったく無かったとは、到底考えられないからである。

ニーデラーは、さきにも述べたように、牧師の職をなげうって、ペスタロッチのもとへやってきた人間である。神学や哲学の素養があり、〈「メトーデ」の番人〉としての誇りと責任感を抱いていた。そしてその自負心から、彼はペスタロッチの著作にも、あえて朱を入れることさえ憚《はばか》らなかった。一八〇七年五月から、彼の編集責任のもとで刊行され始めた「週報」(正確には「人間陶冶のための週報」)の第一巻、第一三号および一四号には、ペスタロッチの『隠者の夕暮』が掲載されているが、それは彼の手によってその一部が削除されたり、順序が組み替えられたりしていた。

しかし、「週報」の編集に意欲を燃やしていたニーデラーは、学園の教育実践に対しては、とりわけ女子学校の教育については、とかく消極的になりがちであった。そのため教員間に批判があったし、ペスタロッチ自身も明らかに不満を覚えていたらしい。この女子学校は、主としてはクリュージが指導し、彼の妹およびその友人が授業を担当しており、クスター夫人(ペスタロッチの息子ヤーコプの嫁、ヤーコプの死後、ローレンツ＝クスターと再婚)がその経営に当たっていた。そして、ニーデラーに対しても、クリュージと協力してこの学校を発展させるように努力することが期待されていたのである。

一八〇八年の新年講演(枢前講演)からまだ半年も経ていないこの年五月に、ペスタロッチは、ニーデラーに対して、学園の内部でくすぶる彼への不満を、自分自身の口から表明する。不満の表明は、夏から秋にかけて、数回繰り返され、ついにはシュミットを引き合いに出しての叱責となった。

一触即発の危機であったが、このときは、女子学校の直接の管理・運営を、有能な、専任の女性に委ねた方がよいというニーデラーの提案を、ペスタロッチが受け入れ、一八〇八年の年末に、女子学校の管理者がクスター夫人からロゼッテ＝カストホーファー嬢（のちにニーデラー夫人となる）に代わることで、表面的な危機は一応回避された。

政府委員の視察

その翌年、一八〇九年という年は、学園にとって最高潮の時期であったように思われる。プロイセンからは、学園に対する絶大な信頼の証拠として、三名の政府派遣留学生が、期間三年を予定してイヴェルドンにやってきたし、ザクセンその他のドイツ諸邦、オランダ、デンマーク、スウェーデン、フランス、イギリス、アメリカなどの諸国、そしてもちろんスイスの諸県からも、次々に沢山の留学生や見学者たちが訪れている。

ペスタロッチが、このような状況を背景にして、学園の実績を公的に承認させ、国内の一部にくすぶる保守派の批判を封殺すべく、政府委員による学園の視察を申し出たことは、たしかに一理がある。しかし、もともと小説家だった彼の国際的な名声に対する国内教育界のねたみや、とくにかつての革命派ペスタロッチの超宗派的な信仰感覚に対する宗教界の猜疑心などを考慮に入れるならば、彼の判断は、やはり甘かった、というべきであろう。

学園の名声を、その理論の卓越性、つまりは自分の筆力による、と考えていたニーデラーは、この計画に積極的に賛成であった。これに対して、理論の具体化がまだ不十分で、教育現場の視察者には到底満足を与えられない、と判断していたシュミットは、強硬な慎重論を唱える。しかし、学園の大勢は視察歓迎であった。

一八〇九年六月、全州議会は、ペスタロッチの要望を受け入れ、一一月に三名の政府委員が、五日間にわたって学園を視察した。委員の一人、ジラール神父の手になる視察報告書が、やがて公表されるが、それはペスタロッチの期待とはまったく相反するものであり、学園にとっては、致命的な打撃となった。

事実、報告書は、イヴェルドン学園の教育が他の学校の模範になりうるという学園側の主張を、明らかに否定するような内容のものであった。たしかに、ペスタロッチの意図や努力は高く評価されている。しかし、その成果が挙がっているとはいえず、むしろ多くの欠陥が見出される、というのが報告書の全体の調子であった。たとえば、道徳教育には熱心であるが、宗教教育は不十分である、数学教育のレベルは高いが、国語教育は遅れている、というように。それは、学園側からみれば、あら捜し的態度であったろうし、委員側に言わせれば、評判倒れの学校でしかない、という判断であったに違いない。

この報告書によって、それまで学外にくすぶっていた反感や嫉視がいっきょに燃え上がった。イヴェルドン学園を旧革命派の巣窟とみなそうとする人々も、依然、少なくはなかったからである。

学園の分裂深まる

しかし、より以上に学園にとって致命的だったのは、この報告書への対応の仕方をめぐって、教師相互間の意見の分裂や対立が収拾しがたいところにまで深まってしまった、ということである。ニーデラーのように、視察報告書に対して強く抗議し、学園の従来からの方針を擁護しようとする教師たちもいたが、逆に、報告書に見られる学園批判こそが正当であり、この際、思い切って方向転換をすべきである、と主張する人々も少なくなかった。そしてこの立場のもっとも強固な代表者がシュミットであった。

シュミットは、「メトーデ」の理念よりも、「メトーデ」の成果を目ざした。そして、「メトーデ」が成果を挙げるためにもっとも適切な学年段階の子供たちだけを対象とする（低学年および一四歳以上の高学年を廃止する）ような学校の構想さえも、彼は主張したのである。子供の「教育」は両親の義務として、これは家庭に任せ、学校はもっぱら「教授」だけを担当すればよい、というシュミットの考え方が、イヴェルドン学園の教育理想から逸脱していたことは、いうまでもない。実績を誇り、不遜な態度をとり始めた若いシュミットへの反感が、やがて学園内部に広がるようになった。

シュミット去る

一八一〇年七月、シュミットは突然学園を去った。直接の動機は、女子学校の一人の女教師ルイーズ＝セゲッサーをめぐっての恋の争いで、ニーデラーに敗れたためであろう、といわれている。

一八一〇年には、それまで学園に期待をかけてきた多くの教師たちが、シュミットと前後してイヴェルドンを去っていった。たとえば、ラウマー、チュルク、フレーベル、ムラルト、ミークら。新しい任務につくことを求められて去った人もあり、学園に嫌気がさして立ち去った人もある。古くからの教師で、ニーデラーとともに学園に止まったのは、クリュージ、ラムザウアーらである。

学園を去る教師たちとは入れ代わりに、教育熱心な新しい多くの人々がやってきたことも付け加えておく必要がある。前章でふれたフランスの将軍、マルク＝アントアン＝ジュリアンが、イヴェルドンに来たのは一八一〇年のことである。

学園を立ち去ったシュミットは、その数ヵ月後に、家庭教育の領域にまで踏み込んでいるイヴェルドン学園の存在は「人類の恥辱」である、とする自己の立場を、その著作によって公表し、挑戦する。しかし、このシュミットの攻撃に対して、ペスタロッチは終始寛大な立場をとり続けた。ニーデラーも、一八一一年一一月ころからシュミットと文通を始め、その学園復帰を画策するようになる。学園の経営が苦しく、シュミットへの期待が再び強まってきたため、と考えていい。

傾き始めた学園の評価を挽回するために、ニーデラーは一所懸命の理論闘争を試みた。しかし、彼は、ペンで論敵を圧倒はしても、学園の味方をつくることはできない人間であった。生徒数は急激に減少し、一八一一年の年末には、六〇〜七〇名にまで落ち込んでしまった。その上、一八一二年から一三年にかけてのナポレオン戦争が、学園にも大きな痛手を与えた。生徒数も、研修教師の数も減り、負債は増大した。一八一三年から一四年にかけて、状況はいっそう悪化する。

シュミットの復帰とクスター夫人の死　学園の財政を立て直すために、ミークの忠告にしたがって、一八一三年の秋、ペスタロッチ夫人は、自己の資産から六〇〇〇フランを支出している。また、女子学校を、その管理者カストホーファー嬢に資産として譲渡する方針も採択された。しかし、これによって事態が根本的に改善されたわけではない。戦争による物価高という事情もあって、学園の経営は依然難航したからである。

ところで、一一月に女子学校の所有者となったカストホーファーは、その数週間後に、ニーデラーと婚約し、一八一四年五月に結婚する。そして、やがて、女子学校譲渡の際の契約の履行をめぐって、ペスタロッチとニーデラー夫妻との間で面倒な争いが起きる。

他方、シュミットは、ニーデラーとの人間関係を修復して、もはや学園復帰のための機の熟するのを待つのみ、という状況にあった。一八一五年四月、彼はペスタロッチをはじめ多くの教員の期待に応えて、イヴェルドンに戻り、自己の資産を投入して学園再建の主導権を握る。

女子学校を手放したクスター夫人は、一八一四年九月二三日、伝染病で急死する。かつて息子の嫁であったクスター夫人の死は、老齢のペスタロッチ夫妻にとってやはり衝撃であったらしい。あとに遺された孫のゴットリープに対する夫妻の期待が、これ以後いっそう強まっていく。こうして、ゴットリープと、シュミットの妹カタリーナとの結婚への道が敷かれることになる。

神聖同盟の締結

さて、当時のヨーロッパの状況を考えてみよう。ナポレオンがロシア遠征に失敗して五〇万の兵を失ったのは、一八一二年の冬。一八一三年一〇月一六日には、ライプツィッヒで連合軍に破れて、翌年三月、パリが陥落。ナポレオンはエルバ島に流された。その秋、つまり一四年九月から翌一五年六月までウィーン会議が開催されているが、三月以降は、ナポレオンの「百日天下」に脅かされて、早急に会議を終結させ、ナポレオンの打倒後、九月二六日に、さしあたりオーストリア・ロシア・プロイセンの三君主間の「神聖同盟」を締結して、ようやくヨーロッパの保守的な新秩序再建を宣言することができた。いわゆるメッテルニヒ体制が確立し、反動の三〇年が始まる。

ニーデラーら去る

シュミットは、学園の再建を急いだ。冗員を整理し、給料を削減し冗費を抑制した。教師の授業時間の負担もふやした。財政難を切り抜けるためには、たしかにこれらの処置は必要であったように思われる。しかし、ペスタロッチの本来の理想は、自由な教育実践にある、と考えてきた人々にとっては、それが教育の破壊に繋がるようにみえた。これまたやむをえないことであったかもしれない。

　教師たちの間に、不安と不満の気分が広がり始めたころ、ペスタロッチ夫人が世を去った。一八一五年一二月一一日、七五歳の生涯であった。そして、この夫人の死が、教師たちの側に辛うじて残されていたペスタロッチへの遠慮をたちまちはぎとってしまった。夫人の死に打ちひしがれているペスタロッチに対して、直接には彼が信頼するシュミットに対して、教師たちは日頃の不満を爆発させる。

　一六年一月三日の教員会で、シュミットは集中攻撃を受けた。いつもはおとなしく控え目だったクリュージやラムザウアーまで、ニーデラーの側に立ったからである。

　ペスタロッチは、教師たちに和解を呼びかけたが、二月四日、一六名の教師たちは再び連盟してペスタロッチに訴えた。老齢のペスタロッチが、これに平静に対処することは難しかったのであろう。彼は、かなり感情的に、あくまでシュミットを擁護し、もっぱらニーデラーたちにだけ反省を求めた。

　ペスタロッチとニーデラーとの関係はいよいよ険悪となり、クリュージやラムザウアーも一六年の春には相次いで学園を去る。ニーデラーも、翌一七年の聖霊降誕祭当日、礼拝堂の説教壇から、多くの市民を前に、ペスタロッチ非難の演説をして学園を去った。

　しかし、ペスタロッチにとって、すべての事柄が悪い方向にばかり動いていたわけではない。それどころか、晩年のペスタロッチの最後の努力が、色々な形で結実しているという事実にも、私たちは注目しておく必要がある。

晩年の成果

その一は、一七年一月、シュミットの尽力で、ペスタロッチの著作全集刊行計画が出版社コッタとの間でまとまり、学園の財政的な基盤を、いくらかでも支える見通しがついたということである。

その二は、一八年九月、貧民学校がクランディ地区に開設され、好評を得て、約一年間は、継続できたということである。そして、この計画を知り、これに積極的に協力したイギリス人、ジェームス＝ピアポイント＝グリーヴスや、メイヨー兄妹の仕事がペスタロッチ主義のイギリスへの普及のために、大いに役立ったということである。

その三は、ナポレオンの勢力が失墜し、ヨーロッパに新しい秩序が再建されようとしていたこの時期（一八一三～一五）に、ペスタロッチが、文化的国家の新生と、人間の尊厳を確立するための教育の役割について論じ、『探究』以来の課題に、あらためて挑戦している、ということである。「わが世代とわが祖国の純真な人々、誠実な人々、および高潔な人々へ――時局にむけての発言――」（一八一五）が、それである。

晩年のペスタロッチ

貧民学校

貧民学校は、最初一二名の生徒で発足したが、たちまち生徒数が約三〇名となり、その意味では成功であった。ペスタロッチは、孫のゴットリープを呼び寄せて、この学校を手伝わせている。自分の教育理想の実現をここに託したかったのであろう。しかし、貧民学校が経営の助けになるはずはない。教師たちの多くはイヴェルドン学園から兼務として派遣されていた。ただでさえ経営難で、教師に負担加重を強いている学園にとって、これは明らかに無理であった。結局、一年後に、貧民学校はイヴェルドン学園と合併することになる。そして、この合併が低落傾向にあった学園の評価を、さらに急速に下降させた。

イヴェルドン学園は、名門子弟の集う男子学校であった。貧民の子弟と机を並べて学ぶことを親たちが喜ぶわけがない。まして貧民学校は男女共学である。同じ城内で男女児に起居をともにさせるなどということは、当時の常識からみて、名門校の取るべき態度ではなかった。貧民は、身分相応に学校の下僕として働きながら、教室では机を並べて学ぶ、そして将来は貧民学校の教師にでも、というペスタロッチの教育方針を、親たちに理解させることは困難であったし、いくらかの学識を身につけた貧児たちに身分に甘んずるように教えることは、それより以上に困難なことであった。こうして学園の生徒数は減少し、経営は一層窮迫する。理想と現実のきびしい相剋というしかない。

イギリスへの影響

イギリスでペスタロッチの仕事の価値が認められるようになってゆく、そのひとつのきっかけをつくったのは、W・H・アッカーマンである。

アッカーマンは、ザクセン出身でイギリス人ではない。一八一一年から一三年までイヴェルドン学園に留学、解放戦争に参加後、一時イギリスに滞在し、ジョセフ＝ランカスターや、アンドリュー＝ベルの学校で助教をつとめた。そして、ペスタロッチの学校と比較して、そのあまりに機械的な詰め込み教育に驚き、ベルを説得するが、むろん効果はなく、イヴェルドンに戻って一五年から一七年まで、イギリス児童たちの世話をしながら、教師としてここで働いた。

もと貿易商人のグリーヴスが、ペスタロッチの思想に惹かれてイヴェルドンに来たのは、一八一七年であるが、彼は、結局、一八二二年まで、ここに滞在し、帰国後、熱心にペスタロッチ主義の普及に努めることになる。

グリーヴスによって刊行された『幼児教育の書簡』のドイツ語原本は、今日まで発見されていない。しかし、これがペスタロッチ自身によって書かれたものであることを否定する根拠はなく、現在では、その晩年の教育思想を知るための貴重な文献として、むしろ積極的に活用されている。ここに収録された書簡は、全部で三四通、その日付は、一八一八年一〇月一日から一九年五月一二日までとなっている。

グリーヴスにやや遅れてではあるが、ほぼ同じ時期、つまり一八一九年から二二年までイヴェルドンに滞在し、イギリス児童の世話をしながら教師としても協力したイギリス国教会の牧師、チャールズ＝メイヨーの帰国後の活躍は、妹エリザベスの協力もあって、世界の教育史上でも注目される業績となった。

教育立国論

『純真な人々へ』　『わが世代とわが祖国の純真な人々、誠実な人々、および高潔な人々へ』(一八一五)というペスタロッチの著書は、「時局に向けての発言」という副題が添えられている。一八一三年から一五年にかけて執筆されたと推定されているから、その時代背景はすでに述べた通りである。

この論文は、『探究』、『ペスタロッチ、自分の時代に訴える(時代)』につながる彼の歴史哲学、政治哲学、道徳哲学、そして教育哲学の書物である。『探究』においては、彼は人間の道徳的な向上に悲観的であった。『時代』においては、「メトーデ」への期待をこめて、いくらか楽観的であった。しかし、この『純真な人々へ』において、彼はきわめて現代的な示唆に富んだ、注目すべき教育立国論を展開している。ただし、その基本的性格が、ナポレオン的な専制支配を告発する反面、神聖同盟的な君主制秩序の容認に傾いていることは、否定できない。

彼によれば、「社会的状態に生きる人間」が集団的に形成してきた文明は、人間を道徳的な存在にまでは高められない。人間は、ただ自己自身によってのみ、道徳的な行動様式(文化・教養)を身につけることができる。これを可能にするためには、ひとりひとりの子供が、健全で聡明な家庭生活（居間）において、とりわけ母親の愛情のもとで、育てられなくてはならない。子供は、国家に属するのではなくて、まず家庭に属するべきもの、だからである。無論その場合、父親や母親によき市民としての生活が保証されていなくてはならない。それは憲法に基づく政府の責任である。

この思考形式は、かつてルソーが『社会契約論』と『エミール』において展開した論理——おのずから一般意思を志向する個人の育成と、一般意思を「法」として機能させうる社会の形成——と基本的には共通している。そして、ルソーと同じく、ペスタロッチもまた小規模の自治的共同体を、いわば国家の理念型として、念頭においていたということも指摘しておく必要があるように思われる。

老年のペスタロッチが、この時期において、貴族制や君主制の容認に傾いたことを非難するのは過酷であろう。少なくとも彼は、民意を反映した憲法による主権の制限を正当なものとする考え方を捨て去ってはいないからである。

知己を後世にまつ

イヴェルドン学園の閉鎖

学園をとりまく状況は、年ごとに確実に悪化していた。貧民学校との合併によって、授業料を支払う生徒数は漸減し、経営は苦しくなった。

学園の評価も急速に低落した。

ニーデラー夫妻との間では、女子学校の譲渡に関連する債権・債務問題が、結局、裁判にまでもちこまれてしまった。これと関連して、一八二一年の一月からは、ペスタロッチとイヴェルドンの市当局との間で、学園の修理費の負担問題をめぐって厄介な係争が始まる。この係争は、事実上はシュミットが引き起こしたものであるが、その主張や対応の仕方の拙劣さのために、学園の社会的信用とシュミット個人の評判をいっそう傷つけることになった。しかし、いまやシュミットと運命共同体的な関係に入りこんでしまっているペスタロッチは、終始、シュミットをかばい続ける。このくだらぬ係争が社会に与えた印象は、学園にとって致命的であった。加えて、市の名誉であった学園をこのような状況に至らしめたシュミットへの憎しみは、外国人としての正規の滞在手続きを取っていなかったこのオーストリア人ヨゼフ＝シュミットの国外追放要求にまで発展する。

一八二五年の三月上旬、学園についての自分の権利を留保したまま、ペスタロッチは、シュミットと、まだ残っていた四名の生徒をつれてノイホーフに引き上げる。国際的な名声をほしいままにしたイヴェルドン学園も、こうしてその活動を終えた。学園の存続期間は、一八〇五年から数えて、名目上は二〇年、実質的には一七〜一八年とみなしてよい。ペスタロッチは、七九歳であった。

なお、シュミットは、ノイホーフ（アールガウ州）に留まることも許されず、パリに行くが、そこで貧窮のうちに死んだといわれている（一八五〇）。

ペスタロッチ記念像　イヴェルドン市庁舎前

ノイホーフで

はなはだ不本意なイヴェルドン退去ではあったが、ペスタロッチは、まだまだ気力も体力も衰えてはいなかったようである。訪ねてきてくれる人も、励ましてくれる人もあった。それに、この年、孫のゴットリープとその妻カタリーナ――シュミットの妹――のあいだに「満月のように丸い」顔をした男の子が生まれた。この曽孫が、のちにチューリッヒ工業大学の教授になったカール＝ペスタロッチである。ただし、カールは生涯独身を守ったため、ペスタロッチの直系は、ここで絶える。

　しかし、ノイホーフでの彼の最後の仕事としては、自伝的著述としての『白鳥の歌』および『わが生涯の運命』にふれておかなくてはならない。このほかに、『リーンハルトとゲルトルート』の第三版の第五・六巻を完成するための執筆作業も行われていたようであるが、これは刊行されないまま、その他の遺稿とともに紛失した。彼の死後、一八四五年、パリのシュミットのもとへ送り届けられる途中で、包みごと行方不明になったといわれている。

労作『白鳥の歌』

　今や八〇歳の高齢に達したペスタロッチが、自分の生涯を回顧し、己れの思想と事業の意味を改めて問い直している労作として、『白鳥の歌』は、やはり重要な文献である。とくに彼が、『ゲルトルート』以後、これを補完し、充実させるために苦心を重ねてきた思想を、ニーデラーの粉飾を取り払って、彼なりに整理し、後世に残そうとした努力の内実を探ることによって、われわれが得るものは極めて大きいにちがいない。事実、彼が、一八一一年から一二年にかけて書いた未完の原稿を活用し、合自然的な人間の発達と基礎陶冶の理念について論述した部分は、「生活が陶冶する」という彼の教育思想の根本原理を構造的に展開しており、現代もなお熟読に値する。

　ただしこの書物は、彼の壮年期の著作と合わせ読むことによって初めて彼の思想の全体をよりよく知り得る、という意味で重要なのであって、本質的に新しい知見がそこで述べられているとはいえない。執筆の年齢を考えてみれば、これはむしろ当然というべきであろう。

ところで、『白鳥の歌』には、もともとはこの部分のほかに、彼の事業の挫折の経過とその理由について述べた部分（一八二四）が添えられていた。ところがこの部分は、彼自身の非才・非力についてのきびしい反省はともかくとして、シュミット以外の彼の協力者をひどく傷つける内容となっていた。そのため、出版社コッタも、さすがにこの部分については出版を拒否し、上述の部分だけが『白鳥の歌』として刊行されたのである。

しかし、老いの一徹、というか、ペスタロッチは、この拒否された部分を他の出版社から刊行する（一八二六）。それが『わが生涯の運命』、正確には『ブルクドルフとイヴェルドンの教育施設の主宰者としてのわが生涯の運命』である。

これは愚かなことであった。イヴェルドン学園の破綻はやむをえなかったとしても、それがあのような品位を汚す経過で終末を迎えたのは、シュミットの近視眼的な経理優先方針のためである、と多くの人々が考えていた。しかし、ペスタロッチの心情を汲んで、彼らはそれをペスタロッチの前では口にしなかっただけである。それが洞察できなかったのは、あるいは洞察できても行動を制御できなかったのは、これはもはや老化現象としか言いようがない。古くからの友人、エリアス＝ミークは、敵対者を利する行為である、とペスタロッチに書き送っている（一八二六年六月一一日）。

当然ながら、売り言葉に買い言葉の喧嘩になった。ニーデラーは、反論のための資料を掻き集め、女子学校の教師E・ビーバーに編集させて、これを刊行する。これはまた逆にニーデラー自身が世間の同情を失うような、きわめて非常識な行動であった。一八二七年二月の第二週にこれを受け取ったペスタロッチは、興奮状態に陥った、と言われている。自分の行動の結果を予測できていなかったためであろう。彼の健康状態は急速に悪化した。弁明の筆を執り、遺言を書き、シュミットに後事を託した。死期の近いのを悟ったようである。

二月一五日、ノイホーフからブルック町の民家の一室へ移り、さらに医師の手当てを受けたが、一七日朝、七時半頃、ゴットリープ夫妻や友人たちに見守られて世を去った。「私は私の敵を許そう。私が永遠の平和に入る今こそ、彼らも平和を見出すことを祈る」という意味の言葉を、家族の平和と幸福を祈る言葉とともに、最後に残したと言われている。

ペスタロッチの墓碑銘

二月一九日、ペスタロッチの遺骸は、ノイホーフ近郊ビル村の教会と学校の間のささやかな土地に埋葬された。彼の遺言どおり、ただ一本のバラが目印とされ、この状態は一九年間変わらなかったという。学校の改築が必要になったとき、アールガウ州の議会は、この教育界の恩人を称えるための墓碑の建設を決議した。その結果、埋葬地からわずか数歩の地点に面した新しい学校の壁面全体が墓碑に充てられることになり、そこに今やペスタロッチの名前とともに世界的に有名になっている碑文が刻まれている。

ここにハインリッヒ＝ペスタロッチが休んでいる
一七四六年一月一二日、チューリッヒで生まれ
一八二七年二月一七日、ブルックで死んだ
ノイホーフでは、貧しい人々の救い主
『リーンハルトとゲルトルート』においては
民衆のための説教者
シュタンスでは、孤児の父親
ブルクドルフとミュンヘンブッフゼーでは、
新しい民衆学校の建設者
イヴェルドンでは、人類のための教育者
人間、キリスト者、市民
すべてを他者のためにおこない、己のためには何
ごとをも！
その名に祝福あることを！

ペスタロッチの墓所

溢れる感謝をもって

アールガウ州

除幕式は、一八四六年一月一二日、彼の生誕一〇〇年を記念しての行事であった。

なお、イヴェルドン城の傍らに、一八八九年に建てられた記念碑には、上記の墓碑銘がフランス語で刻まれ、その側面には、彼がノイホーフでの自分の経験を述べた有名な言葉「乞食たちに、人間として生きることを教えるために、私自身が、一人の乞食として生活したのでした」が、やはりフランス語で書き記されている。

V

ペスタロッチ運動の発展

スイスのペスタロッチ運動

ペスタロッチ思想の広がり　ペスタロッチの教育思想と教授法は、スイスをはじめ、世界各国へ伝播され、近代学校制度の確立に貢献することになる。このいわゆるペスタロッチ運動は一九世紀初頭から第3・四半世紀にかけて盛んであった。その後、一九世紀末から二〇世紀前半にかけての新教育運動の中でも、ルソー、フレーベルとともにペスタロッチは再発見され、大きな影響を及ぼした。そして高度産業化社会、高度情報化社会といわれ、教育そのものの根本が問われている今日においても、ペスタロッチ思想は改めて研究されている。彼の思想と精神とはどの時代にも、心ある教育者たちに語りかけ、原点に立ち帰らせる要素を備えているのである。以下スイスをはじめ、いくつかの国々でペスタロッチ思想はどのように継承発展されて今日に至っているかを簡単に見ることにしよう。

ペスタロッチは生前、祖国スイスにおいて十分に理解され、報われたとはとうてい言いがたい。彼は不遇のうちに生涯を終えたのである。しかし、彼の教育思想や方法によって、スイスの学校改革を押し進めようとした人々も少なくはなかった。スイス革命で成立したヘルヴェーチア共和国の文相シュタッパーや、ペスタロッチの学園で協力者として働いた人々、あるいは生徒として学んだ人々などが、ペスタロッチ主義教育の普及に尽力したことはすでに述べたとおりである。

彼らの活動を通してペスタロッチ主義はスイスでも一定の広がりを見せ、一九世紀の国民教育形成に少なからぬ影響を与えた。その後も、いわゆるペスタロッチ－ルネサンスは何回も繰り返されてきた。

ペスタロッチの生誕一〇〇年記念の一八四六年には、すでにふれたように、ペスタロッチの棺は掘り起こされ、ノイホーフの新しい小学校校舎の傍らに、教会と向き合う形で建設された立派な墓所に納められた。この時アールガウ州長官で教員養成所所長も務めたアウグスティン＝ケラーが、あの有名なペスタロッチの墓碑銘を書き、その偉業を称えたのである。

全集の刊行

ペスタロッチ没後一〇〇年の一九二七年からは、いわゆる校訂版ペスタロッチ全集がベルリンおよびライプツィッヒから刊行された（一九二七～五六）。ドイツの教育学者ブヘナウ、シュプランガー、そしてスイスのシュテットバッハーが責任編纂者である。シュテットバッハーはあとで述べるチューリッヒのペスタロッチアーヌムの当時の所長であった。この全集は一九五八年からは、出版社がチューリッヒのオーレリ－ヒュースリ社に代わり、一九七八年までに全二九巻が刊行された。なお数巻の補遺が刊行される予定であるという。これと並んで、一三

ペスタロッチアーヌム

巻にのぼるペスタロッチの書簡集も刊行された。
ヴィンターツールのエマヌエル＝デーユンク博士は、これらの刊行に五〇数年にわたって携わってきたスイスのペスタロッチ研究者である。一九九〇年二月に亡くなったが、ペスタロッチ全集などの編集という地味な仕事に生涯をかけた優れた学者であった。このいわゆる校訂版全集と書簡集の刊行は、本格的なペスタロッチ研究を可能とさせる重要な仕事であった。これとの関連で一九八五年には、ハインリッヒ＝ロートによる校訂版全集および書簡集の『索引』（暫定版）も刊行され、ペスタロッチ研究のための条件が整備されてきている。

ペスタロッチアーヌムの役割

なおスイスのみならず、世界各国における　ペスタロッチ思想の普及の上で、チューリッヒのペスタロッチアーヌムの果たした役割も忘れられない。ペスタロッチアーヌムは、もともと、スイスの学校関連の事物の展示場として一八七五年に設立された。今日では教育図書館および視聴覚教材センターを備えた教育情報センター、ペスタロッチ研究所、教授・教育研究および教員の現職教育の場、などの役割を果たしているのである。ここに設けられている「ペスタロッチ室」は、ペスタロッチゆかりのさまざまな事物を展示しており、ペスタロッチ研究者のみならず、広く教育関係者の関心をひきつけている。また図書館はペスタロッチ関係の資料を全世界から集めている。日本のペスタロッチ研究者の著書や翻訳書もここには揃っている。

一九七七年はペスタロッチ没後一五〇年に当たり、スイスでは何冊ものペスタロッチ研究書が刊行されるとともに、記念行事が行われた。あるチューリッヒの私立教員養成所では、学生たちがペスタロッチの時代批判的戯曲『キュニグンデ』を演じていた。小学校教育を目ざす若い人たちの、ペスタロッチに対する関心の深さを示す事例である。また翌年初めにヴィンターツールでも、デーユンク博士の尽力でペスタロッチ特別展が開かれた。

ペスタロッチ記念館

スイスのフランス語圏（スイスロマンド）でも、一九七七年を機に新たなペスタロッチールネサンスが起きている。ペスタロッチの学園が設置されていたイヴェルドン城で、「ペスタロッチとその時代」と題する催しが開かれ（一九七七年五月一四日～七月一五日）、多くの人々の関心を集めた。またこの年に、フランス語圏では初めて「ペスタロッチ記念館」がこの城内に設けられた。この施設は、ペスタロッチと彼の業績に関する研究成果をフランス語圏に普及することを目的としている。イヴェルドン時代のペスタロッチに関係する資料の収集と展示、内外の研究者との交流、研究会議の組織、講演会開催、ペスタロッチ研究および成果、翻訳書の出版、などを活動内容としている。なおフランス語によるペスタロッチ研究書やペスタロッチの著作のフランス語訳も、次々に出版されてきている。一九七七年のコロナ＝ベソンの著書『ペスタロッチさん、あなたはいったいどんな方なのですか？』はその皮切りである。

ドイツのペスタロッチ運動

プロイセンのペスタロッチ主義運動　次にドイツの場合を見ることにしよう。ドイツはヨーロッパ諸国の中で最も早くからペスタロッチの教育思想を採用した国である。中でもプロイセンはペスタロッチ運動の中心であった。ブルクドルフ学園やイヴェルドン学園を訪ねたドイツの教育者たちについては、すでにふれたが、ここでは彼らのドイツでの活動について簡単に見ておくことにしよう。

プロイセンには二つの有名なペスタロッチ学校が作られた。プラマンの学校と、グルーナーの学校である。一八〇三年にブルクドルフにペスタロッチを訪ねたプラマンはたちまちペスタロッチに惹かれ、帰国すると一八〇五年に私立の新学校を設立した。この学校は多くの生徒を集め、二五年間にわたって繁栄し、プロイセンにおけるペスタロッチ主義運動の最初の中心地となった。

同じ頃やはりブルクドルフを訪れたグルーナーも、熱心なペスタロッチ主義者になった。一八〇五年にドイツに戻った彼は、フランクフルト-アム-マインの模範学校長となった。この学校はペスタロッチ主義運動のもう一つの拠点となった。「幼稚園の父」と呼ばれるフレーベルが、この地でグルーナーと出会い、教職を自分の天職と自覚したことはすでに述べたとおりである。

「教育学の父」と呼ばれるヘルバルトも、ペスタロッチの教育思想を継承発展させた。『探究』を激励して書かせたあのフィヒテも、そしてその『探究』を高く評価したヘルダーも、ドイツへのペスタロッチのメトーデ導入に大きな働きをしている。とくにナポレオン戦争で破れたドイツの再建を教育に託すよう、身の危険を賭して訴えたフィヒテの講演集『ドイツ国民に告ぐ』は、プロイセンにペスタロッチのメトーデを導入するという大きな成果をもたらしたのである。

ハルニッシュとディスターヴェーク　その後のドイツのペスタロッチ主義運動においては、ハルニッシュとディスターヴェークの活躍が際立っている。ハルニッシュはプラマンの学校でしばらく教鞭を執った後、フリーゼンらと協力して「プロイセン－ペスタロッチ」学校を設立した。彼はここでペスタロッチの理念を基礎としながらも、旧来のドイツ的伝統をも生かす「国民的な」教育を目ざした。この学校は、その後のプロイセンの教員養成所の精神的母体となった。ハルニッシュはその後もペスタロッチ主義の普及に努めたが、もともと教会人であった彼は、国民教育における教義的宗教教育の重要性をしきりに強調し、やがては反動勢力側の旗頭となった。

他方、ディスターヴェークはハルニッシュとはまったく対称的な立場に立っていた。彼は、グルーナーの模範学校で教師をした際に、ペスタロッチの精神を知るようになった。またペスタロッチの弟子でウィースバーデンに学校を開いていたドゥ＝ラスペとも交友を結び、いよいよペスタロッチ主義教授法への理解を深めている。やがて民衆学校の教師になる決意をし、一八二〇年にはメルズの教員養成所長となった。さらに一八三二年にはベルリンの教員養成所長となった。ここで彼は模範学校を設け、ペスタロッチ主義の教育の実践に当たった。一八四五年には、一年早まったペスタロッチ生誕一〇〇年祭を行い、「ペスタロッチは何を望んだか、われわれは何を望むか」と題する講演を行った。彼はドイツの民衆学校の教師に、ペスタロッチの精神を受け継ぎ、反動の嵐の吹きすさぶプロイセンで、教育の自由のために雄々しく闘うように呼びかけたのであった。

ペスタロッチ研究の成果

なおドイツにおいては、ペスタロッチの教育思想の学問的継承も十分に達成されてきた。さきに述べたフレーベル、ヘルバルトをはじめ、ニーマイヤー、ナトルプ、シュプランガー、リットらの偉大な教育学者によって、ペスタロッチ思想は研究され、ドイツ教育学の重要な要素ともなった。とくにシュプランガーの『ペスタロッチの思考様式』（一九五九）は、ペスタロッチ研究の古典といえる重要な著作で、その後のペスタロッチ研究に大きな影響を与え続けている。デレカートの『ヨハン＝ハインリッヒ＝ペスタロッチ』（一九六八年の増補版）もきわめて精緻な研究の成果であり、高く評価されている。

この二人の立場とはまったく異なる立場からペスタロッチ研究を行ったラングの著作、『政論家ペスタロッチ』（一九六八）も、ペスタロッチ学界に衝撃を与えた。これはフランクフルト学派の社会科学的手法で、ペスタロッチの政治的立場、革命家的な側面を探究したものである。

ドイツでは今日でも以上の二つの立場に沿った線でのペスタロッチ研究が盛んに行われ、成果が刊行されている。また、コンピューターを用いて、膨大なペスタロッチ全集の詳細な索引を作成する仕事も、デュッセルドルフ大学のレオ＝ハインリッヒ教授によって進められている。

イギリスのペスタロッチ運動

メーヨー兄妹の実物教授

前述のアッカーマンと並んで、イギリスにおけるペスタロッチ運動に貢献した人物に、アイルランド生まれのジョン＝シンジがいる。彼は一八一五年、アイルランドのラウンドウッドにペスタロッチ主義の貧民学校を設立した。彼は校内に印刷所を設け、ペスタロッチ法の宣伝をし、またペスタロッチやシュミットの著書の翻訳、直観用チャート類や国語教育の教材などを刊行した。このシンジに啓発されて、イヴェルドンを訪れた人々が数多くある。すでに詳細に紹介したジェームズ＝グリーヴスもその一人である。

これらの人々とともに、イギリスにおけるペスタロッチ運動史上、どうしても忘れてはならない人物は、すでにふれたところであるが、チャールズ＝メーヨー、および妹のエリザベス＝メーヨーである。チャールズ＝メーヨーはマーチャント＝テーラーズ校出身で、セント＝ジョーンズ＝カレッジを卒業後、ブリッジノースのグラマスクールの校長を二年間務めた。その後ジョン＝シンジの影響でペスタロッチに関心を抱き、一八一九年に数人の青少年を連れてイヴェルドンに出かけた。

一八二二年に帰国したメーヨーは、サリー州エプゾムに上流階級の少年たちのためのペスタロッチ主義学校を開いた。学校は急速に発展し、一八二六年にはチームに校舎を移している。メーヨーは一八四六年にこの世を去るまで、この学校の経営に当たった。メーヨーの学校の教師は、初期の頃は、すべてイヴェルドンで訓練を受けた人々であり、多くはスイス人であった。

メーヨーは一八二六年に王立協会でペスタロッチとその思想についての講義を行った。また、一八四三年に「国内および植民地学校協会」がロンドンにペスタロッチ主義による教員養成カレッジを創立した際も積極的に協力した。このカレッジの運営に当たったのは、彼の友人レーノルズと妹エリザベス＝メーヨーであった。彼女はエプゾムおよびチームで兄の助手をしながらペスタロッチ法を学んでいたが、カレッジ開校とともに校長として迎えられたのである。

チャールズ＝メーヨーはペスタロッチ自身も認めるように、ペスタロッチ思想を忠実に理解し、伝達しようとした。だが、それでも直観教授を実物教授という、特定の教授形式に矮小化する傾向があった。エリザベス＝メーヨーの場合にはその傾向がきわめて強く、ペスタロッチの精神は軽視され、教授は形式的、機械的なものに偏してしまっている。このメーヨー流の実物教授がペスタロッチ主義の教育としてイギリス国内およびアメリカに普及し、やがては日本にまで伝わってくることになる。

なお、一九世紀の中葉には、ハーバート＝スペンサーが教育論を書いている。彼は子供の精神的な自己活動を積極的に肯定し、その自由な発達を保障する教育を提唱するなど、ペスタロッチの思想を継承している。とくに進化論的心理学の吟味を通じて、「教授では単純から複雑へ進め」というような、教授方法の定式化（当時のイギリスにおけるペスタロッチ主義の立場）をほぼ容認していたことは注目される。

ジルバーの業績

なお第二次世界大戦後、ドイツ生まれのユダヤ人女流学者ケーテ＝ジルバー博士は、エディンバラ大学講師、あるいは教員養成所の教官として教鞭を執り、英語圏でのペスタロッチ思想の浸透に尽力した。一九七五年にドイツ語で刊行した『ペスタロッチ――人物と業績』が彼女の主著であるが、ペスタロッチ研究者から高い評価を受けている。ジルバー博士はこれを一九六〇年に自ら英語に訳し、出版した。この英訳本には、ペスタロッチ思想のイギリスおよびアメリカにおける展開の歴史に関する論文が掲載されている。

アメリカのペスタロッチ運動

マクリュアの活動

アメリカの場合、ペスタロッチ運動は、まずスコットランド生まれの商人ウィリアム＝マクリュアの活動によって開始された。一七九六年にアメリカの市民権を得た彼は、事業で大成功をおさめ、一八〇三年以降は公共事業に献身した。アメリカ地理学会の初代会長も勤めている。

一八〇四年にペスタロッチ学園を訪ね、その民主的態度に打たれたマクリュアは、ペスタロッチの教育精神とメトーデを祖国アメリカに導入しようと考えた。ペスタロッチ自身をアメリカに招聘しようとしたが、ペスタロッチは年齢などの理由でこれを断り、代わりにヨゼフ＝ネーフを推薦した。当時パリでペスタロッチ主義学校を経営していたネーフはこの招きに応じ、一八〇六年にフィラデルフィアに渡った。こうして一八〇九年、マクリュアの財政援助のもと、ネーフはフィラデルフィア郊外にアメリカで初めてのペスタロッチ主義学校を開いたのである。

この学校にはペスタロッチの精神が鮮やかに受け継がれ、息づいていた。この地で四カ年間経営され、大いに繁栄したが、その後デラウェアのヴィレッジ－クリーンに移転し、学校は衰退してしがて廃校となった。一八一六年に再度ケンタッキー州のルイスヴィルに移転したが、結果はかえって悪く、やまった。

ニューハーモニーの共同体　マクリュアは一八一九年より再度ヨーロッパへ渡り、スペインにペスタロッチ主義の産業学校を設立した。しかし政変で挫折し、アメリカに戻った。その帰路、スコットランドのニューラナークで性格形成学院を運営していたロバート＝オーエンを訪ねた。オーエンはインディアナ州ニューハーモニーに新しい共同体を作ろうとしていたが、マクリュアもこの計画に協力することになった。一八二五年にニューハーモニー共同体が組織され、マクリュアはその共同体の教育面の責任を負うこととなった。ニューハーモニーを、ペスタロッチ主義教育によってアメリカ教育の中心地としようと考えたマクリュアは、ネーフとその妻（ペスタロッチの直弟子ブゥスの妹）を招聘した。

ここでは男女共学の平等教育が施され、二歳以上の子供のための幼児学校も、オーエンの性格形成学院をモデルに作られていた。また教科学習とともに、直接生産活動に従事する職業教育も行われていた。いずれも当時のアメリカの教育界では見られない特徴であった。しかしマクリュアとオーエンとの、社会改革、並びに教育に関する見解の違いがもとで、この共同体はたった二年間で崩壊してしまった。短時間で社会を改造し、即刻ニューハーモニーにユートピアを建設しようとしたオーエンは、ペスタロッチ法よりもベル-ランカスター法をむしろ好んだのである。

この初期のペスタロッチ運動は、ペスタロッチの精神を純粋に生かそうとするものであったが、アメリカの教育界にそれほど広範かつ持続的な影響を与えることはできなかった。これに反して、一八六〇年代のオスウィーゴー運動は、アメリカにおけるペスタロッチ主義運動の最大のピークをなすものである。

オスウィーゴーの新教育

この運動の中心人物はエドワード＝シェルドンである。彼は若い頃、オスウィーゴーの町に「孤児および無料学校協会」を創設した。そして「丸田小屋学校」を設立し、粗野で教養のない子供たち一二〇名の教育に取り組んだ。その後、別の町で学校長を務め、やがて万人に平等の教育を提供する、無料の公立学校を組織しようとして、オスウィーゴーに戻った。

彼は当時の公立学校の教授法やカリキュラムに満足できず、教育改革の必要性を痛感していた。たまたま一八六〇年にトロントの教育博物館を訪ねた際に、ペスタロッチ主義の教材を見て大いに感銘を受けた。さっそくロンドンの「協会」からその教材を取り寄せ、これによる実物教授方式でオスウィーゴーの学校を再編成しようとした。この実物教授方式を彼はペスタロッチ式教授法と呼び、その普及に努力したのである。一八六一年にはロンドンのトレーニング-カレッジから、教授法の教師としてジョーンズ女史を招聘し、翌年にはペスタロッチの協力者ヘルマン＝クリュージの息子ヘルマン＝クリュージ＝ジュニアをも教師として迎え入れている。

オスウィーゴーの新教育は、旧教育制度の主唱者からは敵意に満ちた批判を受けた。しかし、一八六一年に、シェルドンはオスウィーゴーの教育委員会を通して全米の指導的教育者に対し、オスウィーゴーの新教育の調査を呼びかけた。翌年、全米の教育者の特別委員会は、好意的な調査報告を提出した。この調査報告と、ジョーンズ女史の論文が、バーナードの「アメリカン-ジャーナル-オブ-エデュケーション」に掲載されたこと、シェルドンが「全国教員協会」で実物教授の報告を行ったことなどの結果、実物教授法はアメリカ全土に普及していった。一八六六年には、シェルドンの学校はニューヨーク州立模範学校の一つとなったのである。

その後、ペスタロッチ思想は、ジョン＝デューイ、キルパトリックら、アメリカの新教育運動の指導者たちの生活教育、経験主義教育思想の中に継承され、その後の新教育運動の展開に影響を与え、今日に至るまでの教育改革運動の流れの中で、絶えず計り知れない貢献をすることになる。

日本のペスタロッチ運動

開発主義の教育として

序でもふれたように、ペスタロッチの業績は江戸末期に、すでにオランダ経由でわが国にも伝えられていた。明治政府は教育の近代化を急ぎ、一八七二年に「学制」を布告したが、同時に日本最初の教員養成所、東京師範学校を設立した。ここで指導したアメリカ人スコットは、本国からペスタロッチ主義教授法、および実物教授用教材を導入したのであった。文部省の肝入りで、掛図などの視覚教材は、まもなく全国的に普及している。

一八七六（明治九）年、文部省は新教授法の研究のために、伊沢修二、高嶺秀夫らをアメリカに派遣した。伊沢はブリッジウォーター模範学校で、高嶺はオスウィーゴー模範学校で、それぞれペスタロッチ主義教授法を学んだ。帰国後、彼らは文部省、東京師範学校、その他の官立学校で指導者として活躍した。彼らは開発教授を唱え、ペスタロッチ主義教育の普及に努めたのである。高嶺の指導のもとに、東京師範学校の付属小学校の教員、若林虎三郎と白井毅が著した『改正教授術』は、日本における初めての本格的な教授学書として普及し、開発主義流行の原動力ともなった。これは、児童の天性を開発するという原則に立つものであったが、必ずしもペスタロッチ思想をそのまま具現するものではなく、しかも政府の強力な教育内容統制のもとでは、十分本来の趣旨を発揮したとは言えない。

この後ペスタロッチ主義は形式化して衰退し、代わってヘルバルト派の五段階教授法が教育界を風靡《ふうび》する。しかし明治期の後半には、新しい教育のあり方を求める風潮もあらわれ、大正自由主義運動の中で花開くことになる。一八九八（明治三一）年に沢柳政太郎が広沢定中と共著で出した『ペスタロッチ』は、有名なドゥ＝ガンの伝記をもとにしていた。これは、日本におけるペスタロッチ研究の新しい方向につながる、重要な研究成果であった。

成城小学校と広島大学

一九一六（大正五）年、沢柳は成城小学校を創設した。日本で初めてのペスタロッチ主義の学校で、その後のペスタロッチ主義運動の中心地となったものである。一九二九（昭和四）年に玉川学園を創立することになる小原國芳、広島大学教授として活躍し、とりわけ日本のペスタロッチ研究史上、偉大な業績を挙げた長田新も、沢柳のもとで成城小学校の教員を務めていた。一九二〇（大正九）年に長田は広島高等師範学校教授となり、同年、福島政雄も同校に赴任した。彼らを中心に、一九二一（大正一〇）年二月一七日、第一回のペスタロッチの夕べが開催された。以来ペスタロッチ祭はこの学校の年中行事となった。戦後、広島大学となってからもペスタロッチ祭は毎年開催され、一九七四年まで続けられることになる。

長田　新

この頃から日本でも原典による本格的なペスタロッチ研究が進められた。一九三四（昭和九）年には、長田新の『ペスタロッチー教育学』、福島政雄の『ペスタロッチの根本思想』が刊行された。いずれも戦前のわが国のペスタロッチ研究の記念碑となる重要な研究成果であった。

なお、広島大学には「ペスタロッチ室」が設けられており、ペスタロッチ全集、さまざまな版のペスタロッチ著作集をはじめ、和洋のペスタロッチ研究書などが幅広く、豊富に揃えられている。一九八八年には、故長田新博士の蔵書が寄贈され、「ペスタロッチ室」はますます充実した「ペスタロッチ研究のための宝庫」となっている。

戦後のペスタロッチ研究

戦後のペスタロッチ研究書としては、まず岩崎喜一の『ペスタロッチ研究』、および『ペスタロッチの人間の哲学』が注目される。ともに評価が高い研究書である。一九五九年には長田新編訳の『ペスタロッチ全集』（全一三巻）が刊行され、多くの教育関係者が、ペスタロッチの原典に直接迫れるようになった。これは世界的にも画期的な仕事であった。

梅根悟の『政治と教育』（一九六五）、『教育史学の探究』（一九六六）に盛られたペスタロッチ研究は、従来見落とされがちであったペスタロッチの政治・社会思想の重要性を、全思想構造の中で明らかにした画期的なものであった。とりわけ『政治と教育』の中の『夕暮』ドイツ語原典についての批判的考証は、ドイツの学者のそれを再検討させる程の重みをもつ箇所が少なくない。また、長尾十三二の『ペスタロッチ「ゲルトルート入門」』（一九七二）は、最近の日本におけるペスタロッチ研究の頂点を示す研究成果である。

ところで、この二人のペスタロッチ研究者の発意で一九五五年から、東京教育大学でペスタロッチーアーベントが開かれるようになった。これはやがて「ペスタロッチ祭」と改称され、教育学科の定例行事となった。以来一九七八年の大学の閉学時までほぼ完全に連続して続けられた。一九七九年には、筑波大学で復活第一回のペスタロッチ祭が開催され、今日まで連綿と続けられている。なお、一九六六年、東京教育大学でのペスタロッチ祭において記念講演を行った国立教育研究所所長平塚益徳博士の発案で、翌年から国立教育研究所においても、ペスタロッチ祭が行われるようになった。このペスタロッチ祭は、一九八一年に廃止されるまで、国立教育研究所の重要年間行事の一つとして開催され続けた。

日本ペスタロッチー・フレーベル学会

わが国は世界にもまれなほど、ペスタロッチ研究が絶えず盛んであったが、それに劣らずフレーベル研究もまたきわめて活発であった。一九八二年の日本教育学会（東北大学にて）では、フレーベルの生誕二〇〇年を記念するシンポジウムが開催され、その際にフレーベル研究者として国際的にも著名な荘司雅子博士から「日本ペスタロッチー・フレーベル学会」を結成したいとの提案があり、これが多くの研究者の賛同を得て、翌一九八三年に、ペスタロッチ研究者とフレーベル研究者の合同により、専門学会「日本ペスタロッチー・フレーベル学会」が発足した。広島大学名誉教授で、聖和大学教授の荘司雅子博士が会長、長尾十三二中央大学教授が副会長である。事務局長は広島大学学校教育学部の藤井敏彦教授で、事務局は同教授の研究室に置かれている。この学会は世界でも珍しいペスタロッチ専門学会であり、一九九三年現在、一六〇名の会員を擁している。この学会には、ペスタロッチおよびフレーベル研究者ばかりでなく、この二人の大教育家に関連のある人物や教育領域についての研究者も結集している。毎年、研究大会を開き、学会紀要「教育の探究」を刊行している。なおこの学会は、『ペスタロッチー・フレーベル事典』の刊行を企画・進行中である。

あとがき

一九六四年九月、私は東京教育大学理学部化学科第二学年の学生として、前期期末試験に臨もうとしていた。ところが試験初日の前日、家庭教師のアルバイトに行く途中、駅の階段ですべって転倒し、頭を打ってしまった。昔のバンカラ学生を気取ったわけでもないが、そのころの私は降っても照ってもゴム長をはいて東京のど真ん中を闊歩していたのだった。そのきざな行為が思わぬところで報われたのである。脳内出血で三週間の加療を要す、という診断を受けて通院していたが、その一週間後には盲腸炎を「併発」し、同じ外科病院で手術を受けるはめとなった。しかし、この一連の事故は私の人生に一大転換をもたらしたのである。

退院後しばらくの間、すぐ上の兄夫婦のところに世話になったが、その折、義理の姉の本棚にあった一冊の本が目に止まった。玖村俊雄著『ペスタロッチの生涯』である。ほとんど本を読む習慣もなかった私がこの本を手にとった理由、それは何のことはない、この人名のもつ奇妙な響きだったのである。「何だ、この変てこな名前は?」と、冷やかし半分に読み始めたのだが、たちまちこの本の主人公ペスタロッチに心を奪われてしまった。頭を打っているので小一時間も読むと後頭部がポカポカと温まってしまうという悪条件のもとではあったが、ついに三日三晩かけてこの本を読み通してしまった。わずか二百数十頁の本ではあるが、当時の私にとっては画期的なことである。

フランス革命前後のヨーロッパ社会、そこでは多くの民衆は、ほとんど人間らしい扱いを受けることもなく、不幸で悲惨な生活を強いられていた。その民衆の、人間としての権利と尊厳を認め、彼らが人間らしく、自らの力で生きていけるようにするにはどうすればよいか、この問題の解決に全生涯をかけたペスタロッチ、限りなく深い人間愛と正義感に生きたペスタロッチ、この人物に、私はすっかり惚れ込んでしまった。私自身の宗教的信念が、彼のそれに共鳴したことも決定的であった。

このペスタロッチについて勉強したい、という止むにやまれぬ思いにとりつかれた私は、がむしゃらに教育学科に転科しようと思いたった。ずいぶんと常軌を逸した行動もとってしまったが、幸いすべてがトントン拍子に進み、翌年四月から、教育学部教育学科第三学年に転入することが許されたのだった。「ペ」のつく言葉はすべて「ペスタロッチ」に見えてしまうような風変わりな学生の私は、幸運にも新学期から早速、外国教育史講座の長尾十三二先生のペスタロッチ・ゼミに参加することができた。『隠者の夕暮』のドイツ語原典講読であったが、夏休み以降は四年生は卒論で忙しいため、ほとんど先生と一対一でのゼミが続き、徹底的に鍛えられるという、またとない機会に恵まれたのであった。こうして恩師の懇切な指導のもとで、細々ながら、私のペスタロッチ研究者としての歩みが始まった。

それからはや二六年、他の研究対象や分野も加わって、私の教育学への関心は広がってはきたが、ペスタロッチに対する関心は衰えることがなかった。そして今、あの血の気の多い青年期にこの人物と出会い、人生航路を変えたことは本当に幸いだった、と思っている。もっとも、ペスタロッチについてはこれまでの研究成果が山とあり、それを理解し、少しでも乗り越えることは容易なことではない、という苦労は絶えることがないのではあるが。

ペスタロッチの伝記的研究も数多くあるし、それぞれ優れた視点をもっており、教えられることが多い。しかし、いつかぜひ、自分でもペスタロッチの生涯と思想について書いてみたい、と絶えず願っていた。そんなわけで今回、恩師の長尾十三二先生との共同執筆でこの本を書くことが許され、この上ない喜びを感じている次第である。冒頭で若き日の愚かな無鉄砲さについてあえて書いたのも、ペスタロッチという人物のもつ不思議な魅力、近代の曙期にあって、すでに近代が内包するであろうさまざまな問題性に目を向け、あくまでも人間を本当に幸せにするものは何であるかという根本的な問題に取り組もうとした教育思想家、実践家ペスタロッチの偉大さ、こういうものに、とくに若い学生諸君が目を向けて下さるよすがともなれば、との思いからである。むろん、私自身の担当部分は、きわめて不十分にしか書けていないことを自覚している。今後、いっそう研究を進めて、将来、より十全なものを書けるようになりたいと思っている。

本書の出版にあたり、清水書院の編集部の徳永隆氏にはたいへんお世話になった。心よりお礼を申し上げたい。また、執筆段階で何度も電話や手紙で尻を叩いてくださった清水書院の清水幸雄氏にも改めて感謝申し上げたい。

一九九一年六月一五日

福田　弘

ペスタロッチ年譜

西暦	年齢	年譜	参考事項
一七一二			ルソー生まれる。
二四			カント生まれる。
四六		1・12、チューリッヒでペスタロッチ誕生。	
四九	3		ゲーテ生まれる。
五一	5	父ヨーハン＝バプティスト病死。	ディドロ・ダランベールら、『百科全集』第一巻刊行。
五四	8	初等学校に入学。	
五七	11	ラテン語学校（スコラ-アバサティーナ）に入学。	
六一	15	ラテン語学校（スコラ-カロリーナ）に転学。	
六二	16	高等学校（コレギウム-フマニタティス）に入学。	ルソー、『エミール』『社会契約論』 フィヒテ生まれる。
六三	17	カール大学（コレギウム-カロリヌム、現チューリッヒ大学の前身）に入学。哲学・文献学を履修。	
六四	18	ゲルベ-ヘルヴェーチア協会の会員になる。	
六五	19	大学を中退。	

一七六七	21	畏友メナルク（ブルンチュリ）病死。 アンナ＝シュルテスに求婚。 「農民会話」事件で禁固。J・R・チッフェリのもとに農業技術の修得のため弟子入り。	
六九	23	アールガウ州ミュリゲンに移住し、農場経営に着手。 9・30、アンナ＝シュルテスと結婚。	
七〇	24	8・13、息子ハンス＝ヤーコプ誕生（愛称ヤッケリ）。	ベートーヴェン生まれる。
七一	25	ノイホーフの新居に転居。ビルフェルトの農場経営に失敗の兆候現れる。	
七四	28	農場経営破綻。ノイホーフに貧民学校を開設。 ヤーコプの「育児日記」を書く。	バゼドウ、デッサウに汎愛学舎を開設。
七五	29		アメリカ独立戦争開始。
七六	30		アメリカ独立宣言。 アダム＝スミス、『国富論』
七七	31	イーゼリンの「エフェメリデン」誌に「ノイホーフ便り」を発表。	
七九	33		ゲーテ、ワイマールの枢密顧問官に就任。
八〇	34	貧民学校閉鎖。 5月、「エフェメリデン」誌に「隠者の夕暮」を発表。	ザルツマン、『蟹の小本』

一七八一	35	『リーンハルトとゲルトルート』第一部刊行。文学者ペスタロッチの誕生。	カント、『純粋理性批判』
八二	36	『わたしの祖都市の自由について』を部分的に刊行。『クリストフとエルゼ』（副題『民衆のためのわたしの第二の書』）を刊行。「スイス週報」を刊行。	
八三	37	『リーンハルトとゲルトルート』第二部刊行。『立法と子供殺し』を刊行（執筆は八〇年）。	
八四	38		ザルツマン、シュネッペンタールに学校開設。
八五	39	『リーンハルトとゲルトルート』第三部刊行。	
八七	41	『リーンハルトとゲルトルート』第四部刊行。	寛政の改革。
八八	42		カント、『実践理性批判』
八九	43		フランス革命、人権宣言。
九〇	44	『リーンハルトとゲルトルート』の改訂版を刊行。	カント、『判断力批判』
九二	46	8・26、フランス革命政府により、ワシントン、クロプシュトックらと共にフランス名誉市民の称号を与えられる。	
九三	47	革命論文「然りか否か」を執筆。	フランスで恐怖政治。第一回対仏大同盟。
九四	48	フィヒテと会談。「シュテーファー村民運動の犠牲者のために」「馬鈴薯栽培	

		を訴える」などを執筆。	
一七九五	49	「チューリッヒ湖畔の自由の友へ」を執筆。	シラー、『美的教育論』
九七	51	『人類の発展における自然の歩みに関するわたしの探究』を執筆。 孫のゴットリープ誕生。	
九八	52	「ヘルヴェーチア国民へ」「わが祖国に告げる」「目覚めよ、国民」などの政治的パンフレットを執筆。 「ヘルヴェーチア国民新聞」編集長となる。 12・7、シュタンス孤児院長に着任。	スイス革命。
九九	53	6・8、孤児院閉鎖される。グルニゲルで保養。 「シュタンス便り」を執筆。 ブルクドルフの小作人学校の教師となる。 7・23、マーガレット＝シュテーリ女史の学校の教師となり、教授法の実験を継続。 ブルクドルフ城に移り、教育を実践。	ナポレオンのクーデタ（ブリュメール18日）。
一八〇〇	54	ヘルマン＝クリュージ、ペスタロッチの最初の助手となる。 シュタッパー文相、ペスタロッチ援助のための「教育制度の友の会」を設立。 論文「メトーデ」を執筆。 ブルクドルフ城に教員養成所開設の広告を出す。	

一八〇一	55	『ゲルトルート児童教育法』を刊行。	
〇二	56	息子ヤーコプ死去。チューリッヒ、エメンタール、ブルクドルフ、キルヒベルクを代表して、憲法制定会議代議員としてパリ滞在。「ヘルヴェーチア立法について」「メトーデの本質と目的」「わが時代に訴える」を発表。	ヘルバルト、『ペスタロッチの最近の著書「ゲルトルート児童教育法」について三人の婦人に与える書』など
〇四	58	ヘルヴェーチア共和国、崩壊。ベルン政府の決議により、ペスタロッチ学園、ミュンヘンブッフゼーに移転。イヴェルドンに学園の分校開設。	ナポレオン、皇帝となる。カント死去。ヘルバルト、『世界の美的表現について』
〇五	59	ミュンヘンブッフゼーの学園を放棄。	ライン同盟結成。
〇六	60	イヴェルドンに女子学園を開設。	神聖ローマ帝国、解体。
〇七	61		ティルジットの和議。フィヒテ『ドイツ国民に告ぐ』
〇八	62	柩を前に新年講演を行う。フレーベル、生徒を伴ってイヴェルドン学園に住み込む（～一〇）。	ゲーテ、『ファウスト』第一部。
〇九	63	『レンツブルク講演』公刊。	
一〇	64	ヨゼフ＝シュミット、学園を去る。	ベルリン大学創立。
一二	66		ナポレオン、ロシア遠征。

一八一三	67	女子学園をロゼッテ＝カストホーファーに譲渡。	
一四	68		ナポレオン退位、エルバ島へ。ウィーン会議（～一五）。
一五	69	『純真な人々へ』を刊行。シュミット、学園に戻る。妻アンナ死去。	ナポレオン、セントヘレナへ流される。神聖同盟締結。
一六	70	教師間に新たな闘争。16名の教師去り、学園、衰退。	
一七	71	ニーデラーとの紛争開始。	
一八	72	イヴェルドン近郊のクランディに貧民学校を開設。	マルクス生まれる。
一九	73	クランディの施設、イヴェルドン学園に併合。	
二〇	74		エンゲルス生まれる。
二四	78	ニーデラーとの訴訟問題、決着。シュミット、ヴォー州より追放処分となる。	
二五	79	学園を放棄し、ノイホーフに戻る。ヘルヴェーチア協会の会長に選出される。	
二六	80	『ブルクドルフとイヴェルドンにおける教育施設の校長としてのわたしの生涯の運命』『白鳥の歌』刊行。	フレーベル、『人間の教育』
二七	81	2・17、ブルックにて死去。	

参考文献

●ペスタロッチの著作の主な翻訳

1　全集

長田新編『ペスタロッチ全集』（全13巻）――平凡社　一九五七（新版、一九七四）

小原國芳編『ペスタロッチ全集』（全6巻、「西洋教育宝典」の一部）―玉川大学出版部　一九五五～六八

2　主要著作の翻訳

福島政雄訳『隠者の夕暮』――福村書店　一九五三

長田新訳『隠者の夕暮・シュタンツ便り』（岩波文庫）――岩波書店　一九五四

梅根悟訳『政治と教育』――明治図書出版　一九六五

（『隠者の夕暮』とその草稿、および『わが祖国の自由について』を含む）

長尾十三二・福田弘訳『ゲルトルート児童教育法』――明治図書出版　一九七六

長尾十三二・福田弘・山岸雅夫訳『シュタンツ便り他』――明治図書出版　一九八〇

（『シュタンツ便り』『方法の本質と目的』『方法における精神と心情』の翻訳）

前原寿・石橋哲成訳『ゲルトルート教育法・シュタンツ便り』――玉川大学出版部　一九八七

●伝記

モルフ著　長田新訳『ペスタロッチー伝』（全5巻）――岩波書店　一九四一

長田新著『ペスタロッチー伝』上・下――岩波書店　一九五一、五二

ドゥ・ガン著　新堀通也訳『ペスタロッチ伝』——学芸図書出版　一九五五
玖村敏雄著『ペスタロッチの生涯』——玉川大学出版部　一九六〇
K・ジルバー著　松田義哲訳『ペスタロッチ——人間とその事業』——ぎょうせい　一九七八
K・ジルバー著　前原寿訳『ペスタロッチー』——岩波書店　一九八一
M・リートケ著　長尾十三二・福田弘訳『ペスタロッチ』——理想社　一九八五
村井実著『ペスタロッチーとその時代』——玉川大学出版部　一九八六

●主な研究書（戦後のもの）

福島政雄『ペスタロッチ』——福村書店　一九四七
長田新『ペスタロッチー』——牧書店　一九五六
福島政雄『ペスタロッチの社会観』——福村書店　一九五六
長田新『ペスタロッチー教育学』（重版）——岩波書店　一九五八（初版、一九三四）
岩崎喜一『ペスタロッチの人間の哲学』——牧書店　一九五九
佐藤守『国民教育の理論と実践』——理想社　一九五九
リット著　杉谷雅文・柴谷久雄訳『生けるペスタロッチ』——理想社　一九六一
H・バルト著　杉谷雅文・柴谷久雄訳『ペスタロッチ研究』——明治図書出版　一九六二
E・シュプランガー著　吉本均訳『教育の思考形式』——明治図書出版　一九六二
坂東藤太郎『ペスタロッチーの道徳・宗教教育の研究』——協同出版　一九六三
松田義哲『ペスタロッチーの教育思想』——協同出版　一九六五
小原國芳『ペスタロッチを慕いて』（重版）——玉川大学出版部　一九七〇（初版、一九三二）

長尾十三二『ペスタロッチ「ゲルトルート」入門』――明治図書出版 一九七二
伊藤忠好『ペスタロッチの教育思想』――福村書店 一九七三
松田義哲『ペスタロッチの教育方法論』――理想社 一九七三
福島政雄『ペスタロッチの根本思想』（重版）――福村書店 一九七七（初版、一九三四）
東岸克好『ペスタロッチの直観教授思想の研究』――建帛社 一九八〇
虎竹正之『ペスタロッチー研究――職業教育と人間教育』――玉川大学出版部 一九九〇
村井実『いま、ペスタロッチーを読む』――玉川大学出版部 一九九一
ハインリッヒ・ロート著 川村覚昭・下山田裕彦訳『ペスタロッチーの人間像』玉川大学出版部 一九九一

●ドイツ語原典の全集・著作集など

ドイツ語のペスタロッチ全集及び著作集には、次のようなものがある。

Pestalozzis Sämtliche Schriften. 15 Bde. J.G.Cotta, Stuttgart und Tübingen, 1819–26.
Pestalozzis Sämtliche Werke. Hg. L.W.Seyffarth. 12 Bde. Leignitz, 1890–1902.
Pestalozzi, Sämtliche Werke. Hg. Artur Buchenau, Eduard Spranger, Hans Stettbacher. Berlin, 1927–56, Zürich, 1958–78. Band I–XXVIII.
Heinrich Pestalozzi, Gasammelte Werke in zehn Bänden (Schweizerische Klassikerausgabe). Hg. Emilie Bosshart, Emanuel Dejung, Lothar Kempter, Hans Stettbacher, Zürich, 1944 ff. [Auswahl]
Heinrich Pestalozzi, Werke in acht Bänden. Gedenkausgabe zu seinem Zweihundertsten Geburtstage. Hg. Paul Baumgartner, Zürich, 1945–49. [Auswahl]
Pestalozzi, Ausgewählte Schriften. Hg. W. Flitner. Düsseldorf, 1954.

Israel, August : Pestalozzi - Bibliographie. Bd. 2, Die Brief Pestalozzis. In : Monumenta Germaniae Paedagogica. Hg. Karl Kehrbach. Berlin, 1904.

Johann Heinrich Pestalozzi, Sämtliche Briefe. Hg. vom Pestalozzianum und von der Zentralbibliothek in Zürich, Zürich, 1946-1971. Band I-VIII.

なお、ペスタロッチの著作をはじめ、翻訳書・研究論文などを網羅したビブリオグラフィーとしては、次のものが挙げられる。

Israel, August : Pestalozzi-Bibliographie. In : Monumenta Germaniae Paedagogica. Hg. Karl Kehrbach. Bd. 25, 29, 31. Berlin, 1903／04.

Klinke, Willibald : Pestalozzi-Bibliographie. In : Zeitschrift für Geschichte der Erziehung und des Unterrichts. Jg. 11-13. Berlin, 1921-23（Pestalozzi-Literatur von 1904-23).

Flitner, Andreas : Verstädnis und Erforschung Pestalozzis von der Gegenwart. In : Zeitschrift für Pädagogik, 1958, S. 330-352 (Übersicht über neue Pestalozzi-Literatur).

Klink, Job.- G. und Liselotte : Pestalozzi-Bibliographie 1923-1965. Weinheim, Berlin, Basel, 1968.

邦文では、坂東藤太郎『ペスタロッチー運動の発展』（協同出版、一九六四）の巻末の文献目録が、昭和三三年までのものだがよく整っている。

さくいん

【人　名】

【事　項】

【書　名】

ペスタロッチ■人と思想105　　定価はカバーに表示

1991年11月15日　第1刷発行Ⓒ
2014年9月10日　新装版第1刷発行Ⓒ
2023年2月25日　新装版第2刷発行

・著　者　…………………長尾《ながお》　十三二《とみじ》／福田《ふくだ》　弘《ひろし》
・発行者　……………………………野村　久一郎
・印刷所　………………………大日本印刷株式会社
・発行所　………………………株式会社　清水書院

〒102-0072　東京都千代田区飯田橋3-11-6
Tel・03(5213)7151～7
振替口座・00130-3-5283
http://www.shimizushoin.co.jp

検印省略
落丁本・乱丁本は
おとりかえします。

CenturyBooks

Printed in Japan
ISBN978-4-389-42105-2

CenturyBooks

清水書院の〝センチュリーブックス〟発刊のことば

近年の科学技術の発達は、まことに目覚ましいものがあります。月世界への旅行も、近い将来のこととして、夢ではなくなりました。しかし、一方、人間性は疎外され、文化も、商品化されようとしていることも、否定できません。

いま、人間性の回復をはかり、先人の遺した偉大な文化を継承して、高貴な精神の城を守り、明日への創造に資することは、今世紀に生きる私たちの、重大な責務であると信じます。

私たちがここに、「センチュリーブックス」を刊行いたしますのは、人間形成期にある学生・生徒の諸君、職場にある若い世代に精神の糧を提供し、この責任の一端を果たしたいためであります。

ここに読者諸氏の豊かな人間性を讃えつつご愛読を願います。

一九六七年

SHIMIZU SHOIN